복 받는 자리에 있으라

# 복 받는 자리에 있으라

지은이 | 신승훈
초판 1쇄 | 2009. 6. 4.
4쇄 발행 | 2019. 5. 1.

등록번호 | 제3-203호
등록된 곳 | 서울특별시 용산구 서빙고동 95번지
발행처 | 사단법인 두란노서원
영업부 | 2078-3333  FAX 080-749-3705
출판부 | 2078-3477

▋ 책 값은 뒤표지에 있습니다.
ISBN 978-89-531-1187-5

▋ 편집부에서 독자의 의견을 기다리겠습니다.
tpress@duranno.com   http://www.Duranno.com

▋ 이 책의 본문은 개역개정 성경을 사용했습니다.

두란노서원은 바울 사도가 3차 전도여행 때 에베소에서 성령 받은 제자들을 따로 세워 하나님의 말씀으로 양육하던 장소입니다. 사도행전 19장 8-20절의 정신에 따라 첫째 목회자를 돕는 사역과 평신도를 훈련시키는 사역, 둘째 세계선교(TIM)와 문서선교(단행본·잡지) 사역, 셋째 예수문화 및 경배와 찬양 사역, 그리고 가정·상담 사역 등을 감당하고 있습니다. 1980년 12월 22일에 창립된 두란노서원은 주님 오실 때까지 이 사역들을 계속할 것입니다.

복 받는 자리에
있으라

두란노

목차

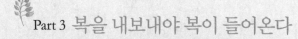

# 성경이 말하는 복

하나님은 하나님의 영광을 위하여 인생들을 지었다고 말씀하십니다. 그런데 인생들의 삶 가운데 하나님의 영광이 나타나는 경우는 그렇게 많은 것 같지 않습니다. 하나님의 뜻이 이루어지고 하나님의 영광이 나타나는 삶을 살기 위해 우리 인생들은 하나님의 복을 받아야 합니다.

특히 예수님을 영접하고 하나님의 자녀가 된 우리야말로 하나님의 복을 받는 것이 얼마나 중요한지 모릅니다. 성경에 가장 많이 나오는 단어 중의 하나는 바로 '복'이라는 단어입니다.

믿음의 선진들은 하나님의 복을 받는 것이 얼마나 중요한지 알았습니다. 할아버지인 아브라함과 아버지인 이삭이 하나님의 복을 받은 삶이었던 것을 잘 알았던 야곱은 목숨을 걸고 아버지 이삭을 통하여 축복을 받습니다. 목숨을 걸었다는 말이 지나친 말이 아닙니다. 실제로 아버지 이삭이 자기 동생인 야곱을 축복함으로 자신은 복을 놓쳤다고 생각한 형 에서는 야곱을 죽이려고 했습니다. 그래서 어머니 리브가는 야곱을 외가로 도망시켰습니다. 또 요셉도 하나님의 복을 받는 것이 얼마나 중요한지를 알았던 사람입니다. 늙어서 기력이 쇠함으로 돌아가시려는 아버지에게 자녀들을 데리고 가서 할아버지의 축복 기도를 악착같이 받게 합니다.

시편 1편 1~3절에는 이렇게 기록하고 있습니다.

"복 있는 사람은 악인들의 꾀를 따르지 아니하며 죄인들의 길에 서지 아니하며 오만한 자들의 자리에 앉지 아니하고 오직 여호와의 율법을 즐거워하여 그의 율법을 주야로 묵상하는도다 그는 시냇가에 심은 나무가 철을 따라 열매를 맺으며 그 잎사귀가 마르지 아니함 같으니 그가 하는 모든 일이 다 형통하리로다 "(시 1:1~3).

악인들의 꾀를 따르지 않기 때문에 복 있는 사람이 아니고, 복이 있는 사람이기 때문에 악인들의 꾀를 따르지 않는다는 것입니다. 복이 있는 사람이기 때문에 죄인들의 길에 서지 않으며, 오만한 사람들의 자리에 앉지 않는다는 것입니다. 복이 있는 사람이기 때문에 오직 여호와의 율법을 즐거워하여 그의 율법을 주야로 묵상한다는 것입니다. 복이 있는 사람은 시냇가에 심은 나무가 철을 따라 열매를 맺으며 그 잎사귀가 마르지 않는 것같이 하는 모든 일이 다 형통하다는 것입니다.

다윗은 어떻게 보면 사울보다 더 악한 죄를 지었습니다. 자신에게 충성하여 목숨을 걸고 전쟁터에서 싸우는 부하의 아내를 데리고 잠을 잤습니다. 그리고 그 여인이 임신을 하자 그 남편에게 휴가를 주어 아내와 잠을 자게 하여 임신된 아이가 마치 남편의 아이인 것처럼 속이려 했습니다. 그러나 너무 충성스러웠던 부하가 다른 군인들은 전쟁하는데 자신은 아내와 잠을 잘 수 없다고 집에 들어가기를 거부하여 자신의 야비한 계획이 실패로 돌아갔습니다. 그러자 다윗은 충성스러운 부하를 잔인하게 죽이는 끔찍한 죄를 저질렀습니다.

한편 사울은 전쟁 때에 탈취한 물건으로 얻은 소와 양이 탐이 나서 다 죽이라는 하나님의 명령을 불순종하고 살려 두었습니다. 물론 불순종은 죄지만 다윗의 죄가 사울의 죄보다 더 악하다고 생각됩니다. 그러나 다윗은 죄를 뉘우침으로 하나님께로 돌아가고 하나님의 마음에 합한 사람이 됩니다. 사울은 점점 악의 길로 가서 마침내 멸망을 당합니다. 그것이 복을 받은 사람과 받지 못한 사람의 차이입니다.

하나님의 복을 받는 것은 중요한 일입니다. 피조물인 우리가 하나님을 향하여 마땅히 추구해야 하는 겸손입니다. 복을 구하며 찾는 것은 기복신앙이 아니고 피조물 된 우리의 본분이요 겸손입니다. 오히려 복을 구하지 않는 것이 교만입니다.

이 책에서는 하나님의 복을 받는 비결을 말씀에 근거하여 설명하고 있습니다. 성경에 기록된 복을 받는 비결 중에 이해하기 쉽고, 실천할 수 있고, 중요하다고 생각하는 부분을 요약했습니다. 신실하신 하나님의 말씀이기 때문에 기록된 20개의 비결 중에 하나만 실천해도 반드시 복된 삶을 살 수 있습니다. 하나님의 약속이기 때문에 믿고 행하면 반드시 이루어집니다. 하나님은 우리 앞에 생명과 죽음, 복과 저주를 두셨다고 말씀하시며 우리와 우리 자손이 살려면 생명의 길과 복의 길을 택하라고 말씀하십니다. 생명과 복을 선택하면 우리의 복된 삶을 통해 하나님은 사랑이시고 생명이시며 풍성하신 은혜의 하나님이심이 만민에게 증거가 됩니다.

성경은 여러 가지 복에 대하여 말하고 있습니다.

아내를 얻는 복(잠 18:22), 자녀를 얻는 복(삼상 2:20~21, 창 1:28), 가축을 얻는 복(창 24:31,35), 물질의 복(잠 10:22), 비의 복(겔 34:26), 죽음의 복(계 14:13), 생물을 다스리는 복(창 1:28), 주님과 교제하는 복(아 6:9), 사죄의 복(시 32:1), 형제와 화평한 복과 영생의 복(시 133:3), 평강의 복(시 29:11), 환난과 근심이 없어지는 복(대상 4:10), 아름다움의 복과 상급 받는 복(시 21:3), 즐거움의 복(시 21:6, 전 5:18), 선택을 받는 복(시 33:12) 등. 이렇듯 '복'이라는 단어는 성경에 300회 이상 나옵니다.

복을 받은 사람에겐 몇 가지 현상이 있습니다.

• 행사가 다 형통합니다(시 1:3).

• 하나님의 보호를 받습니다(시 41:2).

- 눈물의 골짜기에 샘이 넘칩니다(시 84:6).

- 자손이 복을 받습니다(시 37:26, 112:2~3).

- 시냇가에 심은 나무처럼 열매를 많이 맺습니다(렘 17:7~8).

- 천국이 자기 것이 되며, 위로를 받으며, 땅을 기업으로 받으며, 배부르며, 긍휼히 여김을 받으며, 하나님을 보며, 하나님의 아들이라 일컬음을 받으며, 하늘에서 상을 받습니다(마 5:4~12).

그러면 이제 이 복들을 받는 비결에 대해 하나하나 살펴보기 원합니다. 이 책에 있는 하나님의 약속하신 복들이 독자들에게 임하기를 원합니다. 이 글을 읽는 한분 한분을 주님의 이름으로 축복합니다.

- 복을 구하라 • 하나님을 사랑하라 • 말씀에 순종하라
- 하나님을 의지하라 • 온전한 십일조를 드리라
- 하나님을 감동시키라 • 복 받는 자리에 있으라

Part 1

# 하나님을
# 가까이 함이
# 복이다

# 복을 구하라

하나님은 구하는 자에게 좋은 것을 주시는 분입니다. 그러
나 너희가 얻지 못하는 것은 구하지 않았기 때문이라고 말
씀하십니다. 응답을 받는 구함의 조건은 바로 믿음입니다.

"너희는 욕심을 내어도 얻지 못하여 살인하며 시기하여도 능히 취
하지 못하므로 다투고 싸우는도다 너희가 얻지 못함은 구하지 아
니하기 때문이요"(약 4:2).

### 욕심을 내어도 얻지 못함이 있다

욕심을 내지만 욕심을 낸다고 얻는 것이 아닙니다. 욕심을 내다
가 때로는 살인까지 하지만 다 얻는 것도 아닙니다. 남이 잘되는 것
을 보고 배 아파서 시기해 보지만 능히 취하지 못합니다. 그래서 다
투고 싸우지만 다툰다고 얻어지는 것도 아닙니다.

그러면 어떻게 하면 얻을 수 있습니까? 하나님은 간단히 말씀하

십니다. "너희가 얻지 못하는 것은 구하지 않았기 때문"이라고 말입니다. 우리가 하나님께 구하기만 하면 주신다는 것입니다. 그런데 구할 때 뭘 주시는가가 중요합니다. 하나님은 구할 때 무엇을 주십니까?

"구하라 그리하면 너희에게 주실 것이요 찾으라 그리하면 찾아낼 것이요 문을 두드리라 그리하면 너희에게 열릴 것이니 구하는 이마다 받을 것이요 찾는 이는 찾아낼 것이요 두드리는 이에게는 열릴 것이니라 너희 중에 누가 아들이 떡을 달라 하는데 돌을 주며 생선을 달라 하는데 뱀을 줄 사람이 있겠느냐 너희가 악한 자라도 좋은 것으로 자식에게 줄 줄 알거든 하물며 하늘에 계신 너희 아버지께서 구하는 자에게 좋은 것으로 주시지 않겠느냐"(마 7:7~11).

이 말씀을 간단히 풀어 보면 다음과 같습니다.

"구하라 그러면 주신다. 찾으라 그러면 찾게 된다. 문을 두드리라 그러면 열리게 된다. 구하는 사람마다 얻게 되고 찾는 사람마다 찾게 되고 두드리는 사람에게 열리게 된다. 너희 중에 누가 아들이 떡을 달라 하면 돌을 줄 사람이 있느냐? 생선을 달라고 하면 뱀을 줄 사람이 있느냐? 너희가 악한 사람이라도 자녀들에게는 좋은 것을 주고 싶어 한다."

여기서 악하다고 하는 것은 죄인이라는 말입니다. 우리는 다 죄인입니다. 우리가 죄인이라 할지라도 자녀들에게는 좋은 것을 줄 줄 안다고 말씀하십니다. 우리 부모들은 자녀들에게 좋은 것을 주고 싶습니다. 정말 잘해주고 싶습니다.

"너희가 악한 사람, 즉 죄인이라 할지라도 자녀들에게 좋은 것을 주지 않느냐? 우리가 죄인이라도 자녀들에게 좋은 것을 줄 줄 아는데 하물며 하늘에 계신 좋으신 하나님께서 구하는 사람에게 좋은 것을 주시지 않겠느냐?"

하나님은 구하는 사람에게 좋은 것을 주시는 분이십니다.

하나님은 좋은 것을 주시는데, 좋은 것이란 무엇입니까? 좋은 것이란 건강하고, 부유하고, 평안하고, 행복한 것입니다. 화목하고, 풍성하고, 기쁘고, 좋은 사람들, 즉 좋은 남편, 좋은 아내, 좋은 종업원, 좋은 상관, 좋은 직원, 좋은 친구들을 만나는 것입니다. 또한 직장과 사업이 잘되는 것입니다. 하나님께서 주신 사명을 잘 감당하는 것입니다. 그리고 성령과 은사를 받는 것입니다.


### 지혜를 주시는 하나님

하나님은 구하는 자에게 지혜도 주십니다.

"너희 중에 누구든지 지혜가 부족하거든 모든 사람에게 후히 주시고 꾸짖지 아니하시는 하나님께 구하라 그리하면 주시리라"(약 1:5).

하나님은 구하는 사람에게 좋은 것을 주십니다. 그런데 너희가 얻지 못하는 것은 구하지 않기 때문이라는 것입니다. 인생을 살아 가려면 지식이 필요합니다. 아는 것이 힘이기 때문에 알아야 합니다. 내 백성이 지식이 없어서 망한다고 말씀하십니다. 그런데 지식과 함께 중요한 것이 지혜입니다. 지식을 적절히 활용할 수 있는 것이 지혜입니다. 아무리 지식을 가지고 있어도 활용하지 못하면 큰 의미가 없습니다. 내가 가지고 있는 지식을 활용하는 것이 지혜입니다. 인생들은 이 지혜가 얼마나 필요한지 모릅니다. 모든 사람에게는 지혜가 필요한데 "너희 중에 누구든지 지혜가 부족하면 하나님께 구하라 그리하면 주시리라"고 하십니다. 하나님은 구하는 사람에게 지혜도 주십니다.

> "야베스가 이스라엘 하나님께 아뢰어 이르되 주께서 내게 복을 주시려거든 나의 지역을 넓히시고 주의 손으로 나를 도우사 나로 환난을 벗어나 내게 근심이 없게 하옵소서 하였더니 하나님이 그가 구하는 것을 허락하셨더라"(대상 4:10).

어떻게 보면 얌체 같은 기도가 그 유명한 야베스의 기도입니다. 야베스가 자기만을 위해서 기도하고 있습니다. 이스라엘을 위해서 기도를 한 것도 아니고 하나님의 나라를 구한 것도 아닙니다. 야베스의 기도는 "사업도 확장되게 하시고, 직장도 잘되게 하시고, 내가 더 좋은 사람 많이 만나게 하시고, 내 지역을 더 넓혀 주세요. 집도 더 커지게 하시고, 아파트 평수도 늘려 주세요. 더 크게 해 주세요. 주님의 손이 나를 도와주셔서 나로 환난을 벗어나고 근심도 없게 해 주세요. 아주 편안하게 살 수 있게 도와주세요"라는 기도였습니다. 그러자 하나님은 구하는 것을 허락하셨다고 말씀하고 있습니다. 구할 때 복을 더해 주실 뿐만 아니라 도와주시고 지역을 넓혀 주시고, 환난을 없애 주시고, 근심을 없애 주십니다. 이렇듯 구하면 받게 되는데 사람이 구할 줄 모릅니다.

어느 찬송가를 작사한 분은 이렇게 글을 썼습니다.

"주께 고함 없는 고로 복을 얻지 못하네. 사람들이 어찌하여 아뢸 줄을 모를까?"

구하기만 하면 복을 받는데 구하지 않는 사람들이 이해가 잘되지 않는다는 것입니다.

### 기도에 응답해 주시는 조건은 믿음이다

그런데 그냥 막 구한다고 다 되는 것이 아닙니다. 구하는 것을 응답 받으려면 한 가지 조건이 있습니다. 이 조건을 가지고 구할 때 하나님이 응답을 해 주십니다.

하나님께서 응답하실 것이기 때문에 항상 기도하라고 말씀 하십니다. 그리고 기도한 나음에는 낙심하지 말라고 하십니다.

"너희가 기도할 때에 무엇이든지 믿고 구하는 것은 다 받으리라 하시니라"(마 21:22).

구하면 응답을 받는데 응답을 받는 구함의 조건은 바로 믿음입니다. 그러면 믿음은 무엇을 어떻게 믿는 것이며 믿음의 결과는 무엇입니까?

"믿음이 없이는 하나님을 기쁘시게 하지 못하나니 하나님께 나아가는 자는 반드시 그가 계신 것과 또한 그가 자기를 찾는 자들에게 상 주시는 이심을 믿어야 할지니라"(히 11:6).

첫째, 믿음이 없으면 하나님을 기쁘시게 하지 못한다고 하십니다. 믿음은 하나님께 나아가는 사람이 반드시 "하나님은 계십니다"를 믿는 것입니다. 내가 아무리 상황이 어려워도 그리고 지금 내가 당장 기도 응답을 받지 못했을지라도 하나님의 계심을 믿는 것입니다. 어떤 사람은 "하나님이 계실까? 계신다면 이럴 수가 있을까?" 하면서 의심을 합니다. 의심은 하나님께서 기뻐하시는 것이 아니고 기도 응답도 받지 못합니다. 우리는 하나님이 반드시 계신다는 사실을 믿어야 합니다. 하나님은 반드시 계십니다. 천지를 만드시고 우주를 창조하시고 인생을 만드시고 모든 동식물과 삼라만상을 다 만드신 하나님은 반드시 계십니다.

둘째, 하나님은 당신을 찾는 사람들에게 반드시 상을 주시는 분임을 믿어야 합니다. 하나님을 찾는다는 말은 구한다는 말입니다.

구할 때에 하나님은 응답하십니다. 하나님을 찾을 때에 상으로 바꿔 주십니다. 응답해 주시고, 좋은 것으로 주십니다. 반드시 그 믿음을 가지고 나아가는 것입니다. 지금 당장 응답받지 못해도 그 믿음을 가지고 나아가면 반드시 응답하십니다. 반드시 상으로 채워 주십니다.

그러면 "하나님께서 반드시 계신 것과 또한 그가 자기를 찾는 자들에게 상 주시는 분이심을 믿어야 할지니라"의 말씀을 믿으면 어떤 현상이 나타납니까?

"예수께서 그들에게 항상 기도하고 낙심하지 말아야 할 것을 비유로 말씀하여 이르시되 어떤 도시에 하나님을 두려워하지 않고 사람을 무시하는 한 재판장이 있는데 그 도시에 한 과부가 있어 자주 그에게 가서 내 원수에 대한 나의 원한을 풀어 주소서 하되 그가 얼마 동안 듣지 아니하다가 후에 속으로 생각하되 내가 하나님을 두려워하지 않고 사람을 무시하나 이 과부가 나를 번거롭게 하니 내가 그 원한을 풀어 주리라 그렇지 않으면 늘 와서 나를 괴롭게 하리라 하였느니라 주께서 또 이르시되 불의한 재판장이 말한 것을 들으라 하물며 하나님께서 그 밤낮 부르짖는 택하신 자들의 원한을 풀어 주지 아니하시겠느냐 그들에게 오래 참으시겠느냐 내가 너희에게 이르노니 속히 그 원한을 풀어 주시리라 그러나 인자가 올 때에 세상에서 믿음을 보겠느냐 하시니라"(눅 18:1~8).

하나님께서는 응답하실 것이기 때문에 항상 기도하라고 말씀하십니다. 그리고 기도한 다음에는 낙심하지 말라고 하십니다. 우리는 기도하고 우리가 정한 기한 내에 응답이 안 오면 낙심하기 마련입니다. 이것은 믿음이 없기 때문입니다.

누가복음 18장 1~8절에서 예수님께서는 기도한 다음에는 절대로 낙심하지 말고 믿음으로 기다리라고 비유로 말씀하셨습니다.

어떤 도시에 하나님을 두려워하지 않고 사람을 무시하는 재판관이 있었습니다. 그 재판관은 아주 교만하고 거만한 나쁜 사람이었습니다. 이 재판관이 사는 도시에 한 과부가 있었습니다. 지금도 그렇지만 그 당시의 과부는 불쌍하고 어려운 사람들이 많았습니다. 그 과부는 자주 재판장에게 와서 "내 원수에 대한 나의 원한을 풀어 주소서" 하고 이야기를 했습니다. 그런데 재판장은 얼마 동안은 듣지 않다가 후에 속으로 생각하기를 '내가 하나님을 두려워하지 않고 사람도 무시하지만 이 과부가 나를 번거롭게 하니 과부의 원한을 풀어 주겠다'라고 하면서 그 과부의 청을 들어줍니다.

주님께서 말씀하시기를 "불의한 재판관이 말한 것을 들으라"고 하십니다. 불의한 재판관이 뭐라고 했습니까? "나는 하나님도 두려워하지 않는다. 사람도 무시한다. 그런데 이 과부가 귀찮게 하니까 내가 그 청을 들어줘야 되겠다"고 했답니다.

곧이어 이렇게 말씀하십니다. "하물며 하나님께서 그 밤낮 부르짖는 택하신 자들의 원한을 풀어주지 아니하시겠느냐? 그들에게 오래 참으시겠느냐? 내가 너희에게 이르노니 속히 그 원한을 풀어 주시리라."

불의한 재판관은 나쁜 사람입니다. 그러나 하나님은 너무나 좋으신 분입니다. 죄인인 우리를 위하여 예수님을 이 땅에 보내 주셨습니다. 예수님이 이 땅에 오셔서 십자가에서 고난 당하시고 죽기까지 우리를 사랑하신 분입니다. 하나님은 너무나 좋은 분입니다. 불의한 재판관도 그와 아무 상관이 없는 과부의 청을 들어주었습니다. 그런데 하늘에 계신 하나님 아버지가 아들의 핏값 주고 사신 자녀의 청을 왜 듣지 않으시겠습니까? 하나님은 반드시 들으시고, 응답하십니다. 이것이 믿음입니다.


**진정한 믿음은 기도하고 낙심하지 않는 것이다**

불의한 재판관과 과부는 아무 상관이 없는 남남입니다. 또한 불의한 재판관은 나쁜 사람입니다. 그런데도 자꾸 부탁을 하니까 귀찮아서 들어준다고 했습니다. 하나님은 어떤 분이십니까? 그렇게 좋으신 하나님이 우리의 아버지가 되시는데 왜 우리의 청을 들어주지 않으시겠습니까?

열심히 기도했는데 응답이 오지 않거나, 늦게 오거나, 다르게 응답이 오는 때가 있습니다. 저도 제 생각에는 꼭 이루어져야 할 기도제

열심히 기도했는데 응답이 오지 않거나, 늦게 오거나, 다르게 응답이 오는 때가 있습니다. 그때 말씀을 붙잡고 믿음으로 계속 나가면 하나님이 놀랍게 역사하신 일들이 있습니다.

목이 응답을 받지 못해 낙심할 뻔했는데 그때 이 말씀을 붙잡고 믿음으로 계속 나갔더니 하나님이 놀랍게 역사하신 일들이 있습니다. 그 중에서 두 가지만 소개하겠습니다.

첫 번째는 교회 건물을 처음으로 샀을 때의 일입니다. 저는 믿는 사람들의 모임이 교회지 건물이 교회가 아니라고 생각했습니다. 그래서 저희는 돈이 있으면 선교에 더 힘쓰자고 했습니다.

건물 크기가 부족해서, 주인이 나가라고 해서 등의 이유로 개척한 첫해에 다섯 번을 이사했습니다. 그러다가 정부 건물을 빌려서 교회로 사용을 했습니다. 여러 가지 어려움이 있었습니다. 정부 건물이라 열쇠를 우리에게 주지 않았습니다. 한 번은 문 여는 분이 오지 않아 주차장에서 부흥 강사님을 모시고 새벽예배를 드린 적도 있습니다. 또 정해진 시간이 되면 건물에서 나가야 합니다. 개인 건물이 아닌 정부 건물이기에 좀 더 긴 시간을 사용하기 위하여 돈을 주어도 받지 않습니다. 아무리 예배에 은혜가 임해도 시간이 되면 나가야 했습니다. 심지어 다른 공간을 믿지 않는 분들에게 빌려 주어 예배 중에 세상 음악이 크게 들린 적도 있습니다. 주차 공간이 부족하여 골목길에 세운 차량들이 예배 중에 견인되어 간 적도 있습니다. 음식을 만들지 못하게 하여 음식을 밖에서 만들어 와서 먹었습니다. 천 명 이상의 식사를 나르는 것은 결코 쉬운 일이 아닙니다. 비가 오거나 바람이 불면 난리입니다. 음향기기를 설치했다가 예배 후에는 철거를 해야 하는데 모든 부서가 일주일에 세 번을 해야 합니다. 그래도 아쉬운 대로 사용하고 있었습니다.

그런데 하루는 음식을 나르던 한 젊은 성도가 국통이 너무 무겁고 뜨거운 중에 미끄러운 바닥에서 국통을 쏟지 않으려고 하다가 허리를 다쳤습니다. '허리는 잘 낫지도 않는데…'. 저는 속이 상했습니다. 이 일로 마음이 상한 한 성도가 "목사님, 우리 건물 사요"라고 말했습니다. 저도 속상한 마음에 그러자고 했습니다.

마침 교통의 요지인 LA 월셔 거리에 좋은 건물이 나왔습니다. 가격은 91억 원(910만 달러)에 1,200명이 들어가는 본당이 있고 교육관은 약 2천 평이고, 주차 공간은 350대를 세울 수 있는 건물이었습니다. 30억 원만 있으면 나머지는 은행에서 빌려서 살 수 있는 조건이었습니다. 그런데 우리 교회는 부자가 거의 없고 어려운 분들이 많았습니다. 성도들에게 부담을 주지 않으려고 기간을 정해 놓고 30억 원이 모이면 하나님의 뜻으로 알고 사겠지만 모이지 않으면 역시 하나님의 뜻이 아닌 줄 알고 건물을 사지 않겠다는 말을 했습니다.

어떤 권사님들은 금반지를 뺐습니다. "예수님, 미안해요. 목사님, 미안해요. 이것밖에 없어서…." 헌금 봉투에 쓰인 글을 보며 울었습니다. 결혼하려고 모은 혼수비용을 드린 자매, 대학 가려고 모은 학자금을 드린 학생, 차를 팔고 싼 차를 구입하여 차액을 드린 사람, 아파트 월세를 작은 곳으로 이사하여 보증금 차액을 드린 성도(이분은 이사 비용을 제하고 나니 남는 것도 거의 없었다는 웃지 못할 일도 있었습니다) 등 헌신적으로 헌금을 했습니다. 그러나 많이 부족했습니다. 그래도 하나님을 믿고 건물 주위를 돌며 기도했습니다.

그런 중에 우리 성도가 아닌 한 가톨릭 성도가 은혜를 받아 5억 원의 헌금을 했습니다. 그분도 넉넉한 분은 아니었는데 유산을 하나님에게 드린 것입니다. 기적이었습니다. 정말 어려운 중에 조금씩 모였습니다. 결국 기적과 같이 건물을 사게 되었습니다.

그런데 문제가 발생했습니다. 시 교육국이 그 건물에 수용령을 내려서 그 자리에 학교를 짓겠다는 것입니다. 저는 교육국에다 말을 했습니다. "나도 아프리카에서 육영사업을 많이 했고 우리 교회가 이곳에 학교를 지을 것이니 교육국은 다른 곳에 가서 학교를 지어 두 학교를 세워 과밀 학급 문제를 해결하자"고 했습니다. 학교 부지 후보지로 열 곳이 있었는데 왜 하필이면 한인교회를 택했는지 정말 이해하기 어려웠습니다. 우리는 줄 수 없다고 버티었습니다. 그래서 법정에서 1년을 싸웠습니다. 성도들과 저는 하나님이 역사해 주실 것을 믿고 기도했습니다.

그런데 1년 뒤, 판사는 교육국 손을 들어주어 그 건물이 교육국 손에 들어갔습니다. 저는 너무 기가 막혀서 '하나님, 얼마나 기도를 하고 어떻게 산 건물인데…. 하나님은 정말 우리가 이길 수 있게 하실 수 있잖아요? 왜 교육국이 가져가게 두셨습니까?' 하는 생각에 정말 마음이 철렁 내려앉아 낙심할 뻔했습니다.

이때 저는 낙심하지 않기 위해 이 말씀을 붙잡았습니다. 그때 하나님은 "더 좋은 것을 준다. 반드시 응답한다"는 말씀을 주셨습니다. 그 말씀이 믿음으로 다가왔습니다. 마침 그 날은 금요예배일이라 저는 강단에서 할렐루야를 외쳤습니다. 성도들은 우리가 재판에서 이긴 줄 알고 박수를 치며 환호했습니다. 저는 우리가 졌다고 했습니다. 저의 웃는 모습에서 농담인 줄 알고 성도들이 또 박수를 쳤습니다. 저는 우리가 진짜로 졌다고 말을 하고, 그러나 주님께서 좋은 것을 예비하셨기에 믿음으로 바라보자고 했습니다.

이때 어떤 성도는 제게 와서 교육국은 돈이 없으니 이제 우리 돈 30억 원 들어간 것 받기는 다 틀렸다고 말하며 분명히 그들이 가격을 깎아서 형편없는 가격으로 줄 것이라고 했습니다. 또 어떤 성도는 푼돈으로 몇십 년간 받을 것이라고 말을 했습니다. 또 한 성도는 교육국이 그들과 싸운 우리가 미워서 아예 주지 않을 것이라고 말하기까지 했습니다. 그런데 어떤 일이 생긴 줄 아십니까? 놀랍게도 교육국은 20억 원을 더 보태서 짧은 시간 안에 50억 원을 일시불로 주었습니다.

그리고 하나님께서 말씀하신 대로 우리는 더 좋은 조건의 건물을 찾게 되어서 지금의 건물을 구입하게 되었습니다. 이곳은 시내 한복판이며, 고속도로에서 나와서 30초 떨어진 곳입니다. 이전 건물은 주차할 수 있는 공간이 350대인데 새 건물은 1,250대를 주차할 수 있습니다. 본당도 8,000석이나 됩니다. 영화 〈록키〉1, 2를 찍은 올림픽 권투경기장입니다. 80년 전 교회였던 건물을 헐고 그 자리에 올림픽 경기장을 지었는데 하나님은 다시 한인교회에게 그 건물을 주셨습니다. 우리는 어떤 경우에도 낙심하지 않고 더 좋은 것을 주시는 하나님을 믿어야 합니다.

두 번째는 제가 서부 아프리카 부르키나파소에 목회자 세미나를 인도하기 위하여 갔을 때의 일입니다. 500여 명의 목회자들이 서부 아프리카 여러 나라에서 모였습니다. 낮에는 목회자 세미나를 하고 저녁 집회 시간에는 동네 사람들이 모여왔는데 장소가 좁아서 성도들과 동네 사람들은 바깥에서 예배를 드렸습니다. 물론 그들은 강사가 잘 보이지도 않고 설교도 잘 들리지 않았습니다. 그래서 금요일에 운동장을 빌려서 부흥회를 하기로 했습니다.

금요일 오후 일찍 세미나를 마치고 선교사님 집에서 이른 저녁을 먹고 집회 장소로 가려고 하는데 앞서 현관문을 나가던 선교사님이 말을 했습니다. "목사님, 비 와요." 정말 나가 보니 비가 한 방울씩 떨어지고 하늘에는 회색 구름이 깔려 있었습니다. 저는 비를 한두 방울 맞으면서 차에 타서 예수의 이름으로 빗방울을 묶었습니다. "예수의 이름으로 비는 멈출지어다. 비구름은 떠나갈지어다"라고 선포하며 기도를 하는데 비는 점점 더 오는 것이었습니다. 계속 기도를 했습니다. 제가 기도하니 차에 있던 모든 일행들도 열심히 기도했습니다.

그런데 갈수록 빗방울은 굵어지고 구름은 검은색으로 변하더니 나중에는 천둥 번개까지 치는 것이었습니다. 저는 기가 막혀서 기도도 안 나왔습니다. '회교 국가에서 부흥회를 하려는데 이게 웬일입니까? 하나님, 왜 비가 옵니까? 이 회교 국가에서 부흥회 한 번 하려는데, 왜 비를 주십니까?' 정말 낙심이 많이 되었습니다. 그러나 "기도하고 낙망하지 말아야지. 하나님은 더 좋은 것을 주신다. 하나님은 나의 모든 사정을 다 아신다. 하나님이 다 알아서 하신다"는 말씀을 잡았습니다.

운동장에 도착해 보니 자전거는 80여 대밖에 보이지 않았습니다.

그리고 운동장 앞의 건물 처마 밑에 비를 피하여 서 있는 100여 명을 보았습니다. 그런 중에 목회자 세미나를 주관하던 군인 소령 장로님이 차를 타고 가시는 모습을 보았습니다. '세미나 주관하는 분, 군인이 나가면 다 끝났구나'라는 생각을 하면서도 '주님은 역사하시겠지' 하는 한가닥 믿음을 잡으려고 애를 썼습니다.

세워진 차에 멍하니 앉아 있는데 캄캄하고 비가 억수같이 쏟아지는 운동장 안을 다녀온 선교사님이 말을 했습니다. "목사님, 안에는 난리가 났어요. 와 보세요" 하고 말했습니다. 그래서 무슨 일인가 싶어 차에서 내렸는데 비를 맞으니 추웠습니다. 운동장 안에 들어가 보니 약 200여 명이 춤을 추고 찬양을 하며 정말 난리가 났습니다. 운동장 안에도 100여 명이 비를 피하여 지붕이 있는 시설물 쪽으로 피해 있었습니다. '이걸 어떻게 하나? 이들은 비를 많이 맞으면 말라리아에 걸려서 죽을 수도 있는데….' 아프리카에서 최고의 사망 원인은 말라리아입니다. 비를 맞아 몸이 약해진 사람은 몸에 있는 말라리아 세력이 더욱 극성을 부립니다.

이럴 때 결정을 해야 하는 위치에 있다는 것은 참 어려운 일입니다. '에라, 나도 모르겠다. 나도 춤추며 찬양하자'는 생각을 하고 그들과 함께 비를 맞으며 한 시간 이상을 춤추고 찬양을 했습니다. 더이상 비를 맞으며 춤추며 찬양하기가 어렵겠다고 생각한 저는 사람들에게 "여기에 모인 사람들은 그리스도의 용사들입니다. 이 지역의 복음화를 위하여 하나님께서 사용하십니다. 이제 우리 서로 축복하며 기도합시다"라고 말을 하며 서너 사람씩 손을 잡고 기도를 하게 시켰습니다.

한 15분 정도 기도를 하는데 비가 그치는 것이었습니다. 감사의 박수를 드렸습니다. 그러나 집회를 하지는 못했습니다. 비가 발목에 차고 의자는 다 젖었고 무엇보다 비 때문에 음향기기를 설치할 수가 없었습니다. 합선이 되면 다 타 버리기 때문입니다. 그래서 저는 거기에 모인 사람들에게 "이제는 집으로 돌아가십시오. 다음에 만나던지, 천국에서 만납시다"라고 하며 "몸이 아픈 분이나 문제가 있는 분은 안수 기도를 하겠다"고 했습니다.

앞에 있던 한 사람이 눈을 가리킵니다. 한 눈은 감았고 한 눈은 반쯤 떴는데 흰 백태가 끼어 있었습니다. 눈 위에 손을 얹고 기도하고 손가락을 펴 보이니 그대로 따라했습니다. 사람들이 소리를 지르며 박수를 쳤습니다. 그 사람은 시각 장애인이었습니다. 그런데 제 행동을 따라한 것으로 보아 눈이 보인 것입니다.

바로 그 옆에 있던 사람이 입을 가리키며 '아아' 라는 소리를 냈습니다. 목소리는 나는 것으로 보아 귀먹은 언어 장애인인 것 같았습니다. 그의 양 귀에다가 손가락을 집어넣고 기도했습니다. 기도가 끝이 난 후 "예수" 하니 "예수"라고 따라했습니다. 소리가 들린 것입니다. 사람들이 또 소리를 지르며 박수를 쳤습니다.

저도 제정신이 아니었습니다. 예전에 기도 후에 암이 나았다는 간증을 듣기도 하고, 아토피 피부병이 나았다는 이야기를 들은 적은 있지만 시각 장애인이 눈을 뜨거나, 언어 장애인이 말을 한 것은 처음이었습니다. 그때 사람들이 내 머리를 잡아당기고, 옷을 잡아당기는 등 난리가 났습니다. 400명이 다 몰려들었습니다. 정신없이 약 30여 분을 기도하고 있는데 다시 비가 오기 시작했습니다. 그래도 계속 기도를 하며 두어 시간 기도를 했을 때 비로소 통역을 하시는 분이 보였습니다. 그제야 통역을 사용하여 사람들에게 기도제목을 물어보면서 한 분씩 같이 기도를 했습니다. 풍을 맞아 잘 못 걷던 분이 걷게 되고, 귀신이 떠나가고, 어떤 사람은 힘이 없어서 아무것도 들 수 없다고 했는데 주님께서 그에게 힘을 주셔서 물건을 들 수 있게 해 주셨습니다.

5시간을 계속 기도한 끝에 약 40명 남은 사람들과 마무리 기도를 하고 헤어졌습니다. 모임을 끝내고 자동차에 탔을 때 주님께서 음성을 들려주셨습니다. "아들아, 수고했다. 네가 5일간 세미나를 한 것보다 오늘 밤 5시간 동안 진짜 목회자 세미나를 했다. 이 아프리카 사람들은 조금만 어려우면 포기를 잘해. 그러나 포기하지 않는 믿음을 심어 준 것이 참 잘한 일이다"라고 칭찬해 주셨습니다.

그날 밤에 선교사님 집에 가서 보니 밤 12시가 다 되었습니다. 이런저런 이야기를 하다가 주일 밤에 다시 운동장 부흥회를 하자고 제안을 했습니다. 그랬더니 선교사님이 부흥회는 좋은데 목회자들에게 알릴 방법이 없다는 것입니다. 전화가 있는 목사님은 500명 중에 3명뿐이라고 했습니다. 지금이 토요일 새벽인데 신문 광고도 하지 못하니 사람을 모을 대책이 없다는 것입니다.

그런데 갑자기 늦은 밤에 전화가 왔습니다. 방송국 사장이었습니다. 사장은 그 현장에 갔다가 비가 와서 장비를 철수하지 못해서 끝까지 있었는데 그 기적의 현장을 다 보았다는 것입니다. 그 밤에 하나님이 눈을 뜨게 해 주신 시각 장애인이 확인된 사람만 3명이었습니다. 귀먹은 사람들을 듣게 해 주셨습니다. 뿐만 아니라 많은 환자들이 그날 고침을 받고 귀신이 떠나는 등 놀랍게 역사해 주신 현장을 본 것입니다. 그래서 그 방송인이 감동을 받아 늦은 시간에 전화를 한 것이었습니다. 방송사 사장에게 주일 집회를 계획하고 있는데 알릴 방법이 없다고 말하니 자신이 무료로 토요일에 하루 종일 광고를 해 주겠다고 했습니다.

주일 낮에 군부대에 가서 예배를 드리고 오후에 돌아와서 저녁을 일찍 먹고 운동장으로 나가려는데 또 빗방울이 떨어졌습니다. '아이구, 주님. 저 내일 미국으로 갑니다. 마지막 집회인데요.' 기도하며 차를 타고 가는데 멀리 사방에 검은 구름이 잔뜩 끼어 있고, 천둥 번개가 쳤습니다.

그런데 운동장에 도착해 보니 운동장 위에만 커다란 흰 구름 네 조각이 떠 있는 것이 아니겠습니까? 바로 운동장 위와 그 주변에만 거짓말같이 비가 오지 않고 있었습니다. 그리고 사방은 검은 구름으로 덮여 있고 번개도 치고 있었습니다. 그 흰 구름이 마치 제 눈에는 비를 못 오게 막고 있는 천사처럼 보였습니다. 금요일 밤 사건으로 많은 분들이 모였고 그 흰 구름을 다 보았습니다. 그 밤에도 주님은 많은 병자를 고쳐 주셨고 많은 모슬렘이 주님께로 돌아왔습니다.

기도하고 낙망하지 말라고 주님은 말씀하십니다. 끝까지 포기하지 않는 것입니다. 응답을 받지 못해도 더 좋은 것을 주시는 하나님을 믿는 것입니다. 얻지 못함은 구하지 않기 때문이라고 말씀하십니다. 내게 필요한 모든 것을 믿음으로 구하되 특히 복을 구해서 넘치는 복을 받는 자녀들이 되시기를 주님의 이름으로 축원합니다.

하나님의 복을 받는 비결 1

하나님께서 응답하실 것이기 때문에 항상 기도해야 합니다. 간구하되 끝까지 포기하지 않아야 합니다. 응답을 받지 못해도 더 좋은 것을 주시는 하나님을 믿어야 합니다. 하나님은 우리의 믿음을 보십니다.

# 하나님을 사랑하라

하나님은 하나님을 사랑하는 사람들을 위하여 사람의 눈
으로 보지 못하고, 귀로 듣지 못하고, 마음으로 생각하지
도 못한 너무나 좋은 것을 예비하십니다.

"나를 사랑하고 내 계명을 지키는 자에게는 천대까지 은혜를 베푸
느니라"(출 20:6).

### 하나님을 사랑하는 사람이 누릴 축복

하나님은 하나님을 사랑하면 몇 대까지 은혜를 베푼다고 하셨습
니까? 나, 내 자녀, 손자, 증손자, 고손자…. 천대까지 은혜를 받는
다는 것입니다.

"우리가 알거니와 하나님을 사랑하는 자 곧 그의 뜻대로 부르심을

입은 자들에게는 모든 것이 합력하여 선을 이루느니라"(롬 8:28).

하나님을 사랑하기만 하면 모든 것이 합력하여 선을 이룬다고 하셨습니다. 지금의 고난, 어려움, 고통들이 안 좋아 보이지만 하나님을 사랑하기만 하면 합력하여 선이 됩니다. 선이 이루어진다는 것은 지금은 선이 아니지만 결국에는 선이 이루어진다는 말씀입니다.

"기록된 바 하나님이 자기를 사랑하는 자들을 위하여 예비하신 모든 것은 눈으로 보지 못하고 귀로도 듣지 못하고 사람의 마음으로도 생각하지도 못하였다 함과 같으니라"(고전 2:9).

하나님은 하나님을 사랑하는 사람들을 위하여 예비하셨는데, 그 예비된 것은 사람의 눈으로 보지 못하고, 귀로 듣지 못하고, 마음으로 생각하지도 못한 정말 기막히게 좋은 것이라고 하십니다. 하나님을 사랑하는 사람을 위해서 엄청난 것들을 예비하신다고 약속하셨습니다. 정답은 하나님을 사랑하기만 하면 됩니다.

그러면 어떤 것이 하나님을 사랑하는 것입니까? 좀 추상적인 것 같으나 우리가 하나님을 사랑하면 분명하게 나타나는 현상들이 있습니다. 하나님을 사랑하는 사람은 어떤 행동을 하는지 아십니까? 우리가 다른 사람을 사랑하면 나타나는 현상들이 있듯이 하나님을 사랑하는 것도 이와 비슷합니다.

## 하나님을 사랑하면 나타나는 현상들

첫째, 하나님을 사랑하면 하나님과 같이 있고 싶어집니다.

하나님은 인격을 가지신 분입니다. 그래서 우리가 사람을 사랑하듯이 하나님을 사랑하면 됩니다. 누군가를 사랑하면 같이 있고 싶어집니다. 연애할 때 자꾸 같이 있고 싶어집니다. 사랑하는 사람과 같이 있으면 시간이 얼마나 빨리 가는지 모릅니다. 만난 지 얼마되지 않았는데 벌써 헤어질 시간입니다. 헤어지면 헤어지자마자 전화로 또 이야기하고 편지로 또 이야기합니다. 내일 만나기로 하였는데 못 기다립니다.

우리는 예배로 하나님을 만날 수 있습니다. 예배를 사모하는 사람이 하나님을 사랑하는 사람입니다. 그리고 하나님이 쓴 사랑의 편지, 즉 하나님의 말씀을 읽는 것입니다. 사랑의 편지는 읽고 또 읽어도 계속 읽고 싶어집니다. 또 사랑하는 사람과 전화로 대화하듯 하나님과 기도로 교제하는 사람이 하나님을 사랑하는 사람입니다. 잘해서 감사한 것도 기도로 대화하고(감사), 잘못한 것도 대화하고(회개와 자백), 필요한 것도 대화(간구와 중보)합니다. 기도로 하나님을 만날 수 있습니다. 이러한 만남의 결정체가 예배입니다.

그러므로 하나님을 사랑하는 사람은 예배에 전심을 다합니다. 아브라함이 여호와 이레의 하나님을

> 우리는 예배로 하나님을 만날 수 있습니다. 예배를 사모하는 사람이 하나님을 사랑하는 사람입니다. 하나님이 쓴 사랑의 편지, 즉 하나님의 말씀을 읽으며 하나님을 만납니다.

만난 것은 예배에 전심을 다했기 때문입니다.

하나님께 순종하여 아들 이삭을 제물로 바치려 했던 아브라함은 하나님께서 죽이지 말라고 말씀하셨을 때 아들을 끌어안고 통곡을 한 것이 아니라 눈을 들어 다른 제물이 있나를 살펴보았습니다. 예배 시간에 이 제물은 안 받으신다고 하니 다른 제물을 찾은 것입니다. 그러다가 예비하신 숫양을 발견하게 됩니다. 이것은 하나님을 사랑하여 예배에 전심을 다하는 사람이 받을 복이 무엇인지를 보여 줍니다.


### 하나님에게 사랑을 고백한다

둘째, 하나님을 사랑하면 사랑 고백을 합니다.

같이 있는 것도 중요하지만 사랑한다고 고백을 해야 합니다. 사랑한다고 고백하는 것과 사랑하면서도 고백을 하지 않는 것의 결과는 아주 큽니다.

옛날 노래 중 〈갑돌이와 갑순이〉라는 가요가 시사하는 점이 있습니다. 사랑 고백을 하지 못해 불행한 결혼 생활을 한 남녀의 안타까운 사랑 이야기로 기억됩니다.

갑순이는 갑돌이와 데이트를 했는데 서로 사랑한다는 고백을 못했습니다. 갑돌이의 마음을 몰랐던 갑순이가 먼저 다른 데로 시집을 가게 되었습니다. 그랬더니 갑돌이도 화가 나서 장가를 가 버렸습니다. 갑돌이는 장가간 날 첫날밤에 달 보고 울었습니다. 갑돌이도 울고 갑순이도 울었습니다. 그런데 문제는 갑돌이와 갑순이 두 사람만 불행한 것이 아니라는 점입니다. 갑돌이 아내와 갑순이 남편은 뭐가 됩니까? 고백은 없고 마음만 있는 사랑은 비극입니다.

우리는 아이들과 아내에게 사랑한다고 말해야 합니다. 사랑한다고 고백하는 것이 얼마나 행복한 결과를 가져오는지 저의 부모님 이야기를 하겠습니다.

저의 부모님은 사랑한다는 말을 절대 안 하시는 분이십니다. 아버지는 1921년생이시고 어머니는 1926년생이시니 그 시대의 분들은 거의 다 그러신 것 같습니다. 그런데 87세, 82세가 되어 병원에 같이 입원하신 후에 제가 가서 서로 사랑한다는 고백을 하시라고 하자 처음엔 몇 번 사양하시던 어머니가 먼저 저의 간청으로 아버지께 사랑한다고 고백을 하셨습니다. 이때 완고하셨던 아버지께서 어머니의 사랑 고백에 우시고 말았습니다. 그리고 곧이어 아버지도 어머니께 사랑 고백을 하셨습니다. 어머니도 얼마나 좋아하셨는지 모릅니다. 결혼하고 63년 만의 일입니다.

"하나님, 사랑합니다"라고 고백해 보십시오. 마음이 너무 좋습니다. 그리고 놀라운 일이 벌어질 것입니다. 우리가 누군가를 짝사랑을 했는데 그 사람이 나를 사랑한다고 고백하면 우리가 어떻게 됩니까? 말로 표현할 수 없을 정도의 감동을 받지 않겠습니까? 하나님은 우리를 짝사랑하셔서 독생자 예수님을 보내셨고, 성자 하나님은 우리를 사랑하시되 십자가에 죽으시기까지 우리를 짝사랑하신 분이십니다. 그래서 우리가 사랑을 고백하면 하나님은 너무 기뻐하십니다.

## 하나님을 기쁘시게 한다

셋째, 하나님을 사랑하면 하나님을 기쁘시게 합니다.

우리는 사랑을 하면 그 사랑하는 대상을 기쁘게 하려고 노력합니다. 저는 아내와 데이트할 때 병원에서 군복무 중이었습니다. 제 병장 월급이 이천 원이었습니다. 이천 원으로 어떻게 데이트를 할 수 있었겠습니까? 그래도 아내를 기쁘게 해 주고 싶어 생각해 낸 것이 있습니다. 병원에서 쓰고 버려지는 링거 줄과 부목으로 펜꽂이, 탱크, 자동차 같은 것을 만들기 시작했습니다. 저는 별로 잘 만들지 못했지만, 병원에 입원했다가 거의 다 나아서 퇴원을 기다리는 사람들에게 부탁해서라도 만들어 아내에게 주었습니다. 아내가 기뻐하는 모습을 보기 위해 별의별 방법을 다 동원했던 것 같습니다. 이런 일들을 하느라 부분적으로 군복무를 성실하게 하지 않은 것은 회개합니다.

"주께 기쁘시게 할 것이 무엇인가 시험하여 보라"(엡 5:10).

우리가 주님을 사랑하면 주님 앞에 자신을 드리고, 헌금도 드리고 싶어집니다. 사랑하기 때문에 주님을 기쁘시게 하고 싶습니다. 그래서 주님을 기쁘시게 할 것이 무엇인가를 찾게 되고 행동하게 됩니다.

## 하나님만 사랑한다

넷째, 하나님을 사랑하면 한눈을 팔지 않습니다.

사랑하면 한눈을 팔지 않습니다. 그리고 오로지 그 사람에게 정말 내가 할 수 있는 최선을 다해 기쁘게 하고 자신을 주려고 애를 쓰게 됩니다. 사랑하는 사람 외에 다른 이성에게 한눈을 파는 것은 사랑이 아닙니다.

하나님을 사랑하면서 한눈을 팔면 안 됩니다. 세상을 사랑하고 다른 것들을 하나님보다 더 사랑하면 하나님도 마음이 아프십니다. 하나님을 사랑하는 사람은 오로지 하나님만 사랑해야 합니다.

다섯째, 하나님을 사랑하면 계명에 순종합니다.

"하나님을 사랑하는 것은 이것이니 우리가 그의 계명들을 지키는 것이라 그의 계명들은 무거운 것이 아니로다"(요일 5:3).

사랑하면 사랑하는 사람의 말을 듣습니다. 이와 마찬가지로 하나님을 사랑하면 하나님의 계명을 지킵니다. 그리고 하나님의 말씀을 따라 살려고 애를 씁니다. 그분의 명령을 따라 살려고 애를 씁니다. 그것은 힘든 것이 아니라고 말씀하십니다.

> 사랑하면 사랑하는 사람의 말을 듣습니다. 이와 마찬가지로 하나님을 사랑하면 하나님의 계명을 지킵니다. 그리고 하나님의 말씀을 따라 살려고 애를 씁니다.

"새 계명을 너희에게 주노니 서로 사랑하라 내가 너희를 사랑한 것 같이 너희도 서로 사랑하라"(요 13:34).

그래서 하나님을 사랑하는 사람은 하나님이 주신 명령을 따라 이웃을 사랑하라는 새 계명을 지키려고 애를 쓰는 것입니다.

"누구든지 하나님을 사랑하노라 하고 그 형제를 미워하면 이는 거짓말하는 자니 보는 바 그 형제를 사랑하지 아니하는 자는 보지 못하는 바 하나님을 사랑할 수 없느니라"(요일 4:20).

이웃을 사랑하는 사람이 하나님을 사랑하는 사람입니다. 내 마음과 다르더라도 사랑해야 합니다. 하나님 말씀을 순종하는 부분에 대하여는 너무 중요하기 때문에 다음 장에서 구체적으로 말씀을 드리겠습니다.


### 하나님이 먼저 우리를 사랑하셨기에

"우리가 사랑함은 그가 먼저 우리를 사랑하셨음이라"(요일 4:19).

하나님의 말씀을 지키지 않았기 때문에 사람이 하나님을 떠나게 되었습니다. 결국 그 죄악 때문에 하나님과 분리가 되었습니다. 분리된 사람들은 계속 하나님을 대적합니다. 그럼에도 불구하고 하나님은 계속 우리들을 사랑하셨습니다. 선지자를 보내 주시고, 말씀을 주시면서, 계속 사람을 보내 주셨습니다. 그래도 사람들이 대적하니 이번에는 하나님의 아들 독생자 예수님을 보내셨습니다. 그러나 그 아들마저 가시관을 씌우고, 뺨을 때리고, 수치를 당하게 하고 죽였습니다. 성자 하나님은 십자가에서 고통 당하시며 죽기까지 우리를 사랑하셨습니다.

하나님이 먼저 우리를 사랑하셨습니다. 우리가 하나님을 사랑하기만 하면 넘치는 복을 주신다고 약속하십니다. 하나님을 사랑하면 모든 것이 합력하여 선이 이루어지며 눈으로 보지 못하고 귀로도 듣지 못하고 마음으로도 생각하지 못한 것들을 예비하시고 허락하신다고 말씀하십니다. 하나님을 사랑함으로 이 복이 넘치기를 바랍니다.

### 하나님의 복을 받는 비결 2

하나님을 사랑하기만 하면 모든 것이 합력하여 선을 이루신다고 하셨습니다. 하나님과 같이 있고 싶어져 예배로, 말씀으로, 기도로 하나님을 만납니다. 사랑을 고백하고 하나님을 기쁘시게 합니다. 하나님만 사랑하고 계명을 지키고자 노력합니다.

# 말씀에 순종하라

성경은 말씀에 순종할 때와 순종하지 않을 때의 결과를 분명히 말해줍니다. 하나님은 예배보다도 순종을 가장 기뻐하십니다. 순종했을 때 말씀이 이루어지고, 하나님의 영광이 나타납니다.

"네가 네 하나님 여호와의 말씀을 청종하면 이 모든 복이 네게 임하며 네게 이르리니 성읍에서도 복을 받고 들에서도 복을 받을 것이며 네 몸의 자녀와 네 토지의 소산과 네 짐승의 새끼와 소와 양의 새끼가 복을 받을 것이며 네 광주리와 떡 반죽 그릇이 복을 받을 것이며 네가 들어와도 복을 받고 나가도 복을 받을 것이니라 여호와께서 너를 대적하기 위해 일어난 적군들을 네 앞에서 패하게 하시리라 그들이 한 길로 너를 치러 들어왔으나 네 앞에서 일곱 길로 도망하리라 여호와께서 명령하사 네 창고와 네 손으로 하는 모든 일에 복을 내리시고 네 하나님 여호와께서 네게 주시는 땅에서 네게 복을 주실 것이며 여호와께서 네게 맹세하신 대로 너를 세워 자기의 성민이 되게 하시리니 이는 네가 네 하나님 여호와의 명령을 지켜 그 길로 행할 것임이니라 땅의 모든 백성이 여호와의 이름이 너를 위하여 불리는 것을 보고 너를 두려워하리라 여호와께서 네게 주리라고 네 조상들에게 맹세하신 땅에서 네게 복을 주사 네 몸의 소생과 가축의 새끼와 토지의 소산을 많게 하시며 여호와께서 너를 위하여 하늘의 아름다운 보고를 여시사 네 땅에 때를 따라 비를 내리시고 네 손으로 하는 모든 일에 복을 주시리니 네가 많은 민족에게 꾸어줄지라도 너는 꾸지 아니할 것이요 여호와께서 너를 머리가 되고 꼬리가 되지 않게 하시며 위에만 있고 아래에 있지 않게 하시리니 오직 너는 내가 오늘 네게 명령하는 네 하나님 여호와의 명령을 듣고 지켜 행하며 내가 오늘 너희에게 명령하는 그 말씀을 떠나 좌로나 우로나 치우치지 아니하고 다른 신을 따라 섬기지 아니하면 이와 같으리라"(신 28:2~14).

## 말씀에 순종할 때와 순종하지 않을 때

여호와의 말씀에 순종하면 주시는 복을 세어 보니까 22가지나 됩니다. 몇 가지로 요약해서 나열해 보면 다음과 같습니다. 가정에서 복을 받고, 직장이나 사업장에서 복을 받고, 자녀들이 복을 받는다고 하십니다. 건강의 복, 대적의 위험에서 보호해 주시는 복, 창고가 가득 차는 복, 손으로 하는 모든 일의 복, 땅과 건물을 사는 복, 거룩한 백성이 되게 해 주시는 복, 때를 따라 복을 내리시는 복, 올

바른 지도자가 되는 복, 꾸어 주는 복, 머리가 되게 하시는 복 등입니다. 이 모든 복을 주시겠다고 약속하십니다.

그러나 이 축복의 말씀 다음에 신명기 28장 15~68절까지는 끔찍한 말씀이 있습니다.

"네가 만일 네 하나님 여호와의 말씀을 순종하지 아니하여 내가 오늘 네게 명령하는 그의 모든 명령과 규례를 지켜 행하지 아니하면 이 모든 저주가 네게 임하며 네게 이를 것이니 네가 성읍에서도 저주를 받으며 들에서도 저주를 받을 것이요 또 네 광주리와 떡 반죽 그릇이 저주를 받을 것이요 네 몸의 소생과 네 토지의 소산과 네 소와 양의 새끼가 저주를 받을 것이며 네가 들어와도 저주를 받고 나가도 저주를 받으리라 … 네가 만일 이 책에 기록한 이 율법의 모든 말씀을 지켜 행하지 아니하고 네 하나님 여호와라 하는 영화롭고 두려운 이름을 경외하지 아니하면 여호와께서 네 재앙과 네 자손의 재앙을 극렬하게 하시리니 그 재앙이 크고 오래고 그 질병이 중하고 오랠 것이라 여호와께서 네가 두려워하던 애굽의 모든 질병을 네게로 가져다가 네 몸에 들어붙게 하실 것이며 또 이 율법책에 기록하지 아니한 모든 질병과 모든 재앙을 네가 멸망하기까지 여호와께서 네게 내리실 것이니 너희가 하늘의 별 같이 많을지라도 네 하나님 여호와의 말씀을 청종하지 아니하므로 남는 자가 얼마 되지 못할 것이라 여호와께서 너희에게 선을 행하시고 너희를 번성하게 하시기를 기뻐하시던 것 같이 이제는 여호와께서 너희를 망하게 하시며 멸하시기를 기뻐하시리니 너희가 들어가 차지할 땅에서 뽑힐 것이요 여호와께서 너를 이 땅이 끝에서 저 끝까지 만민 중에 흩으시리니 네가 그 곳에서 너와 네 조상들이 알지 못하던 목석 우상을 섬길 것이라 그 여러 민족 중에서 네가 평안함을 얻지 못하며 네 발바닥이 쉴 곳도 얻지 못하고 여호와께서 거기에서 네 마음을 떨게 하고 눈을 쇠하게 하고 정신을 산란하게 하시리니 네 생명이 위험에 처하고 주야로 두려워하며 네 생명을 확신할 수 없을 것이라 네 마음의 두려움과 눈이 보는 것으로 말미암아 아침에는 이르기를 아하 저녁이 되었으면 좋겠다 할 것이요 저녁에는 이르기를 아하 아침이 되었으면 좋겠다 하리라 여호와께서 너를 배에 싣고 전에 네게 말씀하여 이르시기를 네가 다시는 그 길을 보지 아니하리라 하시던 그 길로 너를 애굽으로 끌어가실 것이라 거기서 너희가 너희 몸을 적군에게 남녀 종으로 팔려 하나 너희를 살 자가 없으리라"(신 28:15~68).

하나님의 말씀에 불순종할 때 저주를 받고, 병에 걸리고, 자녀들이 망하고, 사업이 망하고, 재해를 받고, 미치고, 불안하고, 기근이 오는 등의 일이 일어난다고 하십니다. 하나님은 "나에게 순종하면 복을 받고 불순종하면 저주를 받는다"고 간단히 말씀하십니다. 그리고 순종을 할지 불순종을 할지를 선택하라고 하십니다.

### 하나님께 순종해서 복을 받은 아브라함

성경에는 하나님께 순종해서 복을 받은 사람들이 많이 나옵니다. 그 중 대표적인 사람이 아브라함인데, 정말 많은 복을 받았습니다. 창세기 12장을 보면 아브라함은 갈대아 우르를 떠나라는 하나님의 말씀에 순종합니다. 그 당시는 외교가 발달한 것도 아니고 치안이 발달한 것도 아닙니다. 그런데도 아브라함은 고향을 떠나라는 말씀에 순종을 합니다. 심지어 100세에 낳은 아들을 바치라는 말씀에도 순종을 합니다.

> "내가 네게 큰 복을 주고 네 씨가 크게 번성하여 하늘의 별과 같고 바닷가의 모래와 같게 하리니 네 씨가 그 대적의 성문을 차지하리라 또 네 씨로 말미암아 천하 만민이 복을 받으리니 이는 네가 나의 말을 준행하였음이니라 하셨다 하니라"(창 22:17~18).

아브라함은 하나님의 말씀에 순종했기 때문에 하나님께서 큰 복을 주시고 그 씨가 번성하여 밤하늘의 별과 같고 바닷가의 모래와 같을 것이라고 약속해 주셨습니다. 아브라함에게는 밤하늘의 별과 같이 헤아릴 수 없는 많은 영적인 후손이 있습니다. 바닷가의 모래와 같은 많은 육신의 후손이 있습니다. 오늘날 유대인들이 이천만 명이 넘습니다. 사실 중동 사람들의 상당수가 다 아브라함의 육신의 후손들입니다.

또한 "네 씨가 그 대적의 성문을 차지하리라"는 말씀이 있습니

다. 이것은 영적인 후손들과 육적인 후손들이 대적의 성문을 얻는
다는 것인데, 그 의미는 '승리한다'는 뜻입니다. 옛날 싸움은 성 뺏
기 싸움입니다. 문을 부수고 치고 들어가야 합니다. 이 말은 곧 정
치, 경제, 군사, 문화, 체육, 예능 등 여러 가지 분야에서 그들은 대
적의 성문을 차지하고, 존귀한 사람이 된다는 뜻입니다.

오늘날 많은 유대인들이나 많은 그리스도인들이 대적의 성문을
차지하고, 존귀한 사람들이 되었습니다. 이들이 복된 삶을 사는 것
은 우연히 된 것이 아니라 말씀이 그대로 다 이루어진 것입니다.

또한 아브라함은 굉장한 부자였습니다. 개인 경호원이 318명이
나 될 정도로 큰 부자였습니다. 소와 양이 너무 많아서 같은 장소에
서 조카 롯과 살 수 없어 서로 다른 곳으로 이주를 했습니다. 또한
아브라함은 오래 살았습니다. 그리고 건강하게 살았는데, 건강하게
오래 사는 것은 복입니다. 또 건강하게 오래 산다고만 복이 아니라
존경을 받아야 합니다. 아브라함은 존경을 받았습니다. 왕이 찾아
와서 같이 친구하자고 했습니다. 아브라함은 사람들에게 인정받고
존경받는 그러한 삶을 살았습니다.

또 놀라운 것은 100세에 아들을 얻었다는 점입니다. 100세에 아
들을 얻은 것은 얼마나 놀라운 복인지 모릅니다. 그것은 건강을 의
미합니다. 심지어 이삭을 낳은 뒤에 일곱 명을 더 낳았습니다.

또한 아브라함이 죽은 후 하나님께서 그 아들에게 복을 주십니
다. 아브라함이 살아 있을 때에는 아버지 때문에 아들이 복을 받은
것입니다. 아브라함이 죽자 하나님이 직접 그 아들 이삭에게 복을

부어 주십니다.

또한 하나님이 아브라함을 나의 친구라고 말씀하셨습니다. 아브라함은 순종으로 하나님의 기쁨이 되었고, 하나님의 큰 복을 받게 되었습니다.

## 순종이 제사보다 낫고 숫양의 기름보다 나으니

"사무엘이 이르되 여호와께서 번제와 다른 제사를 그의 목소리를 청종하는 것을 좋아하심 같이 좋아하시겠나이까 순종이 제사보다 낫고 듣는 것이 숫양의 기름보다 나으니"(삼상 15:22).

하나님은 우리가 예배드리는 것을 참 기뻐하십니다. 하나님이 가장 기뻐하시는 것이 예배입니다. 그런데 하나님은 예배나 제사보다 하나님 목소리에 순종하는 것을 더 좋아하십니다. 예배가 가장 중요하지만 하나님은 순종하는 것을 더 좋아하십니다. 순종이 제사(예배)보다 낫다고 하십니다. 하나님이 가장 기뻐하시는 예배보다도 순종을 더 좋아하신다고 하십니다. 하나님 말씀을 잘 듣고 순종하는 것이 숫양의 기름보다 낫다고

> 하나님은 예배드리는 것을 참 기뻐하십니다. 하나님께서 가장 기뻐하시는 것이 예배입니다. 그런데 여호와께서 예배나 제사보다 그 목소리에 순종하는 것을 더 좋아하십니다.

하십니다. 숫양의 기름은 제물인데 오늘날의 헌금 또는 봉사를 말합니다. 하나님은 그 어떤 것을 드리는 것보다 순종을 더 기뻐하십니다.

## 하나님께 순종한다는 것의 의미

그러면 하나님께 순종한다는 것은 무슨 말입니까?

첫째, 하나님의 말씀에 순종하는 것입니다.

둘째, 하나님이 주시는 감동에 순종하는 것입니다.

셋째, 위임 권위에 순종하는 것입니다.

위임 권위란 자녀들에게는 부모님이 위임 권위이고, 아내에게는 남편이 위임 권위입니다. 그리고 직장에서는 자기의 상관이 위임 권위이고, 교회에서 목원들은 목자가 위임 권위입니다. 목자는 교구장이 위임 권위입니다. 교구장은 교구 목회자가 위임 권위입니다. 이처럼 위임 권위에 순종하는 것이 하나님께 대한 순종입니다. 왜냐하면 위임 권위는 하나님께서 세우신 것이고, 위임 권위에 순종하는 것이 하나님께 순종하는 것이기 때문입니다. 이해되지 않고, 내 생각과 맞지 않아도 하나님의 명령과 어긋나지 않는 한 위임 권위를 따라가는 것이 순종입니다.

## 예수님의 말씀에 순종한 좋은 예

"감람원이라 불리는 산쪽에 있는 벳바게와 베다니에 가까이 가셨을 때에 제자 중 둘을 보내시며 이르시되 너희는 맞은편 마을로 가라 그리로 들어가면 아직 아무도 타 보지 않은 나귀 새끼가 매여 있는 것을 보리니 풀어 끌고 오라 만일 누가 너희에게 어찌하여 푸느냐 묻거든 말하기를 주가 쓰시겠다 하라 하시매 보내심을 받은 자들이 가서 그 말씀하신 대로 만난지라 나귀 새끼를 풀 때에 그 임자들이 이르되 어찌하여 나귀 새끼를 푸느냐 대답하되 주께서 쓰시겠다 하고 그것을 예수께로 끌고 와서 자기들의 겉옷을 나귀 새끼 위에 걸쳐 놓고 예수를 태우니 가실 때에 그들이 자기의 겉옷을 길에 펴더라"(눅 19:29~36).

감람이란 말은 올리브나무를 말합니다. 그래서 감람원은 올리브나무 동산이라고 할 수 있습니다. 이 감람원은 높은 산을 본 사람이 볼 때는 동산이고 산을 못 본 사람이 볼 때는 높은 산처럼 보여서 감람산이라고 부릅니다. 감람산이라고도 하고 감람원이라고도 불리는 산쪽에 있는 벳바게와 베다니 동네 가까이 왔을 때 예수님이 제자 중에 두 명을 부르시면서 말씀하시기를 맞은편 마을에 들어가면 아직 아무 사람도 타 보지 않은 나귀 새끼가 거기 매여 있는데 풀어서 끌고 오라고 하십니다.

이 말씀은 상식적으로 생각하면 말이 안되는 황당한 이야기입니다. 남의 나귀를 끌고 오라는 것입니다. 가면 정말 나귀가 있을지도 의문이고 또한 주인이 있어도 황당하고 없어도 황당합니다. 주인이 있으면 주님께서 쓰신다고 말은 하겠지만 순순히 주겠습니까? 또 주인이 없을 때 끌고 오다 주인을 만나면 주인이 가만히 있겠습니까? 완전히 도둑이라고 몰릴 판입니다. 몰리는 것이 아니라 남의 것을 가지고 오는 것은 정말 도둑입니다. 오늘날로 말하면 남의 차를 가져오는 것과 비슷한 행동입니다. 무슨 봉변을 당할지 모르는 명령입니다.

그러나 순종하며 갔더니 정말 나귀가 있었습니다. 주님 말씀에 순종하여 나귀를 푸는 중에 주인들이 왜 가져가냐고 물었습니다. 주님이 쓰시겠다고 하자 나귀 주인도 순순히 허락합니다. 그래서 예수님께로 끌고 오며 제자들이 감동을 받았습니다. 어떻게 이런 일이 있을 수 있습니까? 놀라고 감동을 받은 제자들은 자기들의 겉옷을 벗어 안장으로 깔았고 예수님이 타셨습니다. 그 모습을 보고 많은 사람들이 윗옷을 벗어서 그 나귀 새끼 앞에 깔았습니다. 나귀 새끼가 밟고 지나가면 옷은 찢어지고 망가지고 흙으로 범벅이 되지만 옷을 쫙 폈습니다. 예수님은 제자들에게 순종하기 어려운 문제를 주셨습니다. 그런데 순종한 결과로 스가랴 9장 9절 말씀을 성취하셨습니다.

"시온의 딸아 크게 기뻐할지어다 예루살렘의 딸아 즐거이 부를지어다 보라 네 왕이 네게 임하시나니 그는 공의로우시며 구원을 베

푸시며 겸손하여서 나귀를 타시나니 나귀의 작은 것 곧 나귀 새끼
니라"(슥 9:9).

그리고 그 순종의 결과로 많은 사람이 예수님을 높이면서 옷을
벗었습니다. 옷을 벗어서 바닥에 깔았다는 것은 최고의 경의를 표
할 때 하는 것입니다. 그것은 바로 예수님을 메시아로 인정하고 그
분 앞에서 영광을 돌리는 모습입니다. 무조건 순종했을 때 말씀이
이루어지고, 기적이 나타나고, 하나님의 영광이 나타났습니다.


## 무조건 순종하라

순종은 어떻게 하는 것입니까? 하나님 말씀에 무조건 순종하는
것입니다. 하나님이 모든 일에 감사하라고 하셨으니 그냥 감사하면
됩니다. 기도하라고 하셨기 때문에 기도해야 합니다. 항상 기뻐하
라고 말씀하셨기 때문에 기뻐해야 합니다. 아내를 네 몸과 같이 사
랑하라고 하셨기 때문에 남편은 아내를 돌보고 사랑해야 합니다.
남편에게 복종하라고 말씀하셨기 때문에 아내는 복종하면 됩니다.
자녀들을 노엽게 하지 말라고 하셨기 때문에 자녀들을 화나게 하지
말아야 합니다. 부모님을 공경하라는 말씀대로 공경하며 순종해야
합니다. 직장에서 상관을 공경하라, 상관들은 하인들에게 거짓말하
지 말고 겁주지 말라 하셨으니 그대로 순종해야 합니다. 용서하라
고 말씀하셨기 때문에 용서가 되지 않아도 억지로라도 용서를 해야

합니다. 죄 짓지 말라고 하셨으니 죄를 멀리해야 합니다. 만일 죄를 지으면 죄를 자백하라고 하셨기 때문에 죄를 자백하고 아버지 앞에 용서를 받고 죄를 멀리하는 거룩한 삶을 살아야 합니다.

내가 거룩하니 너희도 거룩하라, 하늘에다가 보화를 쌓아라, 이웃을 판단하지 말라, 정죄하지 말라, 겸손하라, 예수 믿으라, 예수 믿는 사람은 모이기를 힘쓰라, 전도하라, 위임 권위에 순종하라 등 명령은 굉장히 많습니다.

613가지의 계명이 율법에 있습니다. 248가지의 "~하라"가 있습니다. 우리 몸의 뼈가 248개라고 합니다. "~하라" 하신 것은 온몸을 다하여 해야 합니다.

반대로 365가지의 "~ 하지 말라"가 있습니다. "~ 하지 말라" 하신 것은 1년 365일 하루도 하면 안 됩니다. 우리는 다 죄인이기 때문에 "~ 하지 말라"가 "~ 하라"보다 더 많은 것은 우연이 아닙니다.

이 명령을 요약한 것이 바로 십계명입니다. 십계명을 다 지켜야 하는데 또 줄이면 딱 두 가지로 모아집니다. 바로 '하나님 사랑, 이웃 사랑'입니다. 하나님의 명령은 딱 두 가지 문장으로 압축됩니다. "하나님을 사랑하고, 이웃을 사랑하라"입니다. 이것을 실천할 때 하나님의 명령과 말씀에 순종하는 것입니다.

> 하나님의 명령은 딱 두 가지 문장으로 압축됩니다. "하나님을 사랑하고, 이웃을 사랑하라"입니다. 이것을 실천할 때 하나님의 명령과 말씀에 순종하는 것입니다.

## 불순종의 결과

하나님의 명령을 불순종한 것을 '타락'이라고 하며 '죄'라고 합니다. 불순종의 결과로 아담과 하와에게 문제가 생겼습니다. 그들에게 고난이 왔고, 땅이 저주를 받았습니다. 지옥을 가게 되었습니다. 이 땅에서도 그들의 삶에 어려움이 왔습니다. 하나님은 불순종하면 저주를 허락하시고 고난과 문제를 허락하십니다. 사람은 자기의 문제점이 어디에서 왔는지 그 시작을 알아야 합니다. 그 근본을 알아야 문제를 해결할 수 있습니다. 죄 때문에 이 문제와 고통과 고난과 저주가 왔습니다. 하나님에게 불순종했을 때 왔습니다.

불순종한 인생들에게 저주와 고통을 허락하시는 것은 그 고난 가운데서 나와서 하나님께로 돌아오라는 것임을 알아야 합니다. 하나님께 다시 나온다는 것은 무엇입니까? 바로 하나님께 순종하는 것을 의미합니다. 순종함으로 구원을 받고 저주가 떠나가고 문제가 풀립니다.

## 예수님의 순종을 본받아

예수님은 순종하신 분입니다. 우리가 예수님의 영으로 충만할 때에 우리는 예수님을 닮아 순종할 수 있습니다.

"너희 안에 이 마음을 품으라 곧 그리스도 예수의 마음이니 그는 근본 하나님의 본체시나 하나님과 동등됨을 취할 것으로 여기지 아니하시고 오히려 자기를 비워 종의 형체를 가지사 사람들과 같이 되셨고 사람의 모양으로 나타나사 자기를 낮추시고 죽기까지 복종하셨으니 곧 십자가에 죽으심이라 이러므로 하나님이 그를 지극히 높여 모든 이름 위에 뛰어난 이름을 주사 하늘에 있는 자들과 땅에 있는 자들과 땅 아래 있는 자들로 모든 무릎을 예수의 이름에 꿇게 하시고 모든 입으로 예수 그리스도를 주라 시인하여 하나님 아버지께 영광을 돌리게 하셨느니라"(빌 2:5~11).

예수님은 하나님이십니다. 하나님인데 하나님 아버지와 동등함을 취할 것으로 여기지 아니하시고 자기를 비워서 종의 형체를 입으셨습니다. 사람으로 이 땅에 오셔서 십자가에 죽기까지 복종하셨습니다. 우리는 사람이라서 제한된 존재입니다. 그래서 모르는 것이 많습니다. 그러나 예수님은 다 아시는 분이지만 복종하셨습니다.

그런데 많은 사람은 제한된 자기 지식과 경험이나 생각을 믿고 있습니다. 우리는 하나님에게 순종해야 합니다. 예수님도 복종하셨습니다. 예수님이 복종하시니 하나님 아버지께서 예수님의 이름을 모든 이름 위에 뛰어나게 하시고, 하늘에 있는 자와 땅에 있는 자, 모든 자들로 그분에게 무릎을 꿇게 하시고 영광을 돌리게 하셨습니다. 아주 존귀한 이름을 갖게 되시고 존귀한 분이 되신 것입니다. 그래서 순종은 중요합니다. 예수님은 하나님이지만 죽기까지 순종하셨습니다. 우리야말로 더욱 순종해야 하는 용서받은 죄인들, 부족한 인생들이 아닙니까?

## 순종한 사람이 누리는 축복

저는 시골 사람이고, 내세울 것이 없는 인생이었습니다. 그런데 저는 정말 많은 복을 받았습니다. 제가 복을 받은 이유를 생각해 보니까 그것은 하나님께서 주시는 감동에 순종했기 때문이었습니다. 하나님이 아프리카에 가라고 말씀하실 때 그냥 순종했습니다. 부족하지만 순종했습니다. 이 순종으로 지금까지 제가 이렇게 많은 복을 받고 있습니다.

한번은 아프리카에서 선교하고 있을 때, 우간다의 카이안자 목사님과 같이 미국에서 다섯 개의 한인 교회를 돌며 집회를 한 적이 있습니다. 카이안자 목사님이 설교하고 저는 통역을 했습니다.

네 번째 교회인 마이애미 교회에서의 일입니다. 카이안자 목사님이 설교 중에 자신이 섬기는 교회가 건축 중이라는 말을 했습니다. 통역을 하려는데 갑자기 성령님께서 제가 가지고 있는 500만 원을 그 교회에 헌금하라고 하셨습니다. 저는 "사탄아, 물러가라"고 했습니다. 한편으로는 성령님이실 것이라는 생각도 했지만 가진 돈을 내기 싫어서 혹시 사탄이면 좋겠다는 마음에 말을 했습니다. 그랬더니 성령님께서 "내가 사탄이냐? 헌금하기 싫으면 말지 왜 나보고 사탄이라고 그러냐?"고 하셨습니다. 저는 "주님, 저도 선교비가 필요한데 다 내라고 하셔서 사탄인가 했습니다. 그런데 주님, 한번 생각해 보세요. 저도 선교사입니다. 제가 돈을 저를 위하여 씁니까? 저도 선교지에 가면 빈민가 아이들이 굶고 있습니다. 학교 교사들 월급도 주어야 하고, 교회 건물도 지어야 합니다. 지금 세 곳의 교회를 방문하면서 사례비와 선교비 받은 것이 다 해서 500만 원인데 제가 볼 때 제게 당장 있어야 할 선교비로 2,000만 원 이상이 필요합니다. 어떻게 500만 원을 다 바치라고 하십니까?"

제가 성령님과 대화를 하느라고 약 1분 이상 통역을 못했습니다. 집회는 해야 하는데 제가 성령님하고 대화를 하고 있는 중이니 설교하시던 카이안자 목사님은 저만 보고 계시고 성도들도 저만 보고 있었습니다. 저는 마지못해 "아이고, 나도 모르겠습니다. 다 드리겠습니다" 하고는 카이안자 목사님에게 말을 했습니다.

"지금 성령님께서 내가 가지고 있는 돈을 다 드리라고 하시니 다 목사님 교회의 건축헌금으로 드리겠습니다. 사실은 나도 필요하지만 순종하지 않으면 집회를 할 수가 없고 성령님의 감동이니 무조건 순종합니다."

그리고 500만 원을 헌금하겠다고 발표를 했습니다. 집회가 끝나고 저는 감사하기도 했지만 섭섭하기도 했습니다. 선교지에 필요한 것 다 드리고 이제 마지막으로 방문할 교회는 디트로이트에 있는 작은 교회로 100명 정도가 모이는 교회였습니다. 사례비와 선교비를 합쳐서 마이애미에서 200만 원을 받았습니다. 디트로이트로 갈 때에 카이안자 목사님은 좋아서 싱글벙글했지만 저는 착잡한 마음이었습니다.

그런데 예상하지도 못한 일이 디트로이트에서 일어났습니다. 그곳에서의 3일 동안의 집회에는 날이 갈수록 더 많은 사람들이 모였습니다. 마지막 날에 김성문 목사님께서 갑자기 예배 중에 아프리카를 위하여 헌금을 하자고 하셨습니다. 그런데 헌금이 놀랍게도 4,600만 원이나 나왔습니다. 목사님은 기적이라면서 기뻐하셨습니다. 목사님과 운영위원회에서 2,300만 원씩 저와 카이안자 목사님에게 드리자고 결정을 했습니다. 그리고 누군가가 개인적으로 헌금을 해서 아프리카로 돌아가는 비행기에서 3,000만 원의 선교비를 가지고 돌아가고 있는 저를 발견하게 되었습니다. 저는 너무 감격스러워 울었습니다. 그 때 성령님께서 말씀하셨습니다. "나만 믿고 따라와. 나는 너를 좋은 곳으로 인도한단다. 그냥 순종해. 항상." 그러시고는 성령님도 기뻐하셨습니다.

하나님이 제가 가지고 있는 물질을 다 바치라는 마음에 감동을 주셨을 때 저도 선교사지만 다 바쳤습니다. 이 순종을 했더니 아프리카에서뿐 아니라 지금까지 물질의 복을 계속 받아서 물질이 끊어지지 않고 하나님이 계속 채워 주시는 복을 누리고 있습니다.

저처럼 모두 아프리카를 가야 한다는 말씀도, 물질을 다 바쳐야 한다는 말씀도 아닙니다. 하나님이 우리에게 감동을 주실 때, 하나님 말씀에 순종하면 됩니다. 하나님을 사랑하고 이웃을 사랑하고 말씀대로 순종하려고 애를 쓰면 됩니다. 하나님이 감농을 주실 때 봉사하시면 됩니다. 순종하면 됩니다.

> 하나님이 우리에게 감동을 주실 때, 하나님 말씀에 순종하면 됩니다. 하나님을 사랑하고 이웃을 사랑하고 말씀대로 순종하려고 애를 쓰면 됩니다. 하나님이 감동을 주실 때 봉사하면 됩니다. 순종하면 됩니다.

"그런즉 너는 오늘 내가 네게 명하는 명령과 규례와 법도를 지켜 행할지니라 너희가 이 모든 법도를 듣고 지켜 행하면 네 하나님 여호와께서 네 조상들에게 맹세하신 언약을 지켜 네게 인애를 베푸실 것이라 곧 너를 사랑하시고 복을 주사 너를 번성하게 하시되 네게 주리라고 네 조상들에게 맹세하신 땅에서 네 소생에게 은혜를 베푸시며 네 토지 소산과 곡식과 포도주와 기름을 풍성하게 하시고 네 소와 양을 번식하게 하시리니"(신 7:11~13).

하나님께 순종함으로 복이 넘치는 우리 모두가 되기를 바랍니다.

### 하나님의 복을 받는 비결 3

하나님 말씀에 무조건 순종하고, 하나님께서 주시는 감동에 순종하고, 위임 권위에 순종하는 것이 복 받는 비결입니다.

복 받는 자리 4

# 하나님을 의지하라

인생에 어려운 일이 생기셨습니까? 바로 하나님을 의지해
보십시오. 그때가 하나님의 선하심을 경험하게 되는 절호
의 기회입니다.

"만군의 여호와여 주께 의지하는 자는 복이 있나이다"(시 84:12).

사람은 한계가 있는 피조물입니다. 그래서 자신이 마음먹은 대
로 살 수 없습니다. 필요한 것도 많고 해결하지 못하는 문제도 많습
니다. 그래서 사람은 하나님을 의지해야 합니다. 하나님을 의지하
는 사람이 복을 받는다고 말씀하십니다. 또한 하나님을 의지하면
하나님이 친히 우리를 주장하십니다. 하나님을 의지하는 사람을 하
나님은 결코 외면하지 않으십니다.

## 하나님을 의지하는 사람이 누릴 복

시편 23편은 이렇게 기록하고 있습니다.

"여호와는 나의 목자시니 내게 부족함이 없으리로다 그가 나를 푸른 풀밭에 누이시며 쉴 만한 물 가로 인도하시는도다 내 영혼을 소생시키시고 자기 이름을 위하여 의의 길로 인도하시는도다 내가 사망의 음침한 골짜기로 다닐지라도 해를 두려워하지 않을 것은 주께서 나와 함께 하심이라 주의 지팡이와 막대기가 나를 안위하시나이다 주께서 내 원수의 목전에서 내게 상을 차려 주시고 기름을 내 머리에 부으셨으니 내 잔이 넘치나이다 내 평생에 선하심과 인자하심이 반드시 나를 따르리니 내가 여호와의 집에 영원히 살리로다"(시 23편).

구체적으로 이 말씀의 의미를 살펴보기 원합니다.

시편 23편 1절은 "여호와는 나의 목자시니 내게 부족함이 없으리로다"라고 시작합니다. 우리를 사랑하시고 구원하신 하나님, 모든 것을 다 아시고 모든 것이 가능한 하나님이 나의 목자라고 말씀하십니다. 그러므로 우리는 부족함이 없습니다.

"그가 나를 푸른 풀밭에 누이시며 쉴 만한 물 가로 인도하시는도다"(2절).

양은 푸른 풀밭과 쉴 만한 물이 있으면 만족합니다. 그런데 아프리카에서 선교할 때 가끔 목자가 물 없는 곳으로 양들을 인도하는 모습을 보았습니다. 양들은 얼마나 힘들겠습니까? 어렵게 갔는데 물이 없습니다. 그러나 하나님은 다르십니다. 푸른 초장과 쉴 만한 물 가를 다 아십니다. 푸른 풀밭에 누이시며 쉴 만한 물 가로 인도하시기 때문에 우리의 육신과 마음을 만족하게 하십니다.

"내 영혼을 소생시키시고 자기 이름을 위하여 의의 길로 인도하시는도다"(3절).

하나님은 내 영혼을 소생시키십니다. 그리고 우리가 하나님의 자녀가 되었기 때문에 하나님의 이름을 위하여 의의 길로 인도하십니다. 그러므로 우리는 보람 있고, 가치 있고, 자랑스러운 삶을 살며 영혼도 만족한 삶을 살게 되는 것입니다.

"내가 사망의 음침한 골짜기로 다닐지라도 해를 두려워하지 않을 것은 주께서 나와 함께 하심이라 주의 지팡이와 막대기가 나를 안위하시나이다"(4절).

그런데 갑자기 사망의 음침한 골짜기가 나타납니다. 하나님이 나의 목자가 되시는데 왜 그렇습니까? 사망의 음침한 골짜기를 다니는 이유는 세 가지가 있습니다.

첫째, 징계를 하기 위해서입니다.

자녀가 잘못 가면 부모님께서 징계하시듯이 하나님께서 잘못 가는 자녀를 징계하십니다.

"또 아들들에게 권하는 것 같이 너희에게 권면하신 말씀도 잊었도다 일렀으되 내 아들아 주의 징계하심을 경히 여기지 말며 그에게 꾸지람을 받을 때에 낙심하지 말라 주께서 그 사랑하시는 자를 징계하시고 그가 받아들이시는 아들마다 채찍질하심이라 하였으니 너희가 참음은 징계를 받기 위함이라 하나님이 아들과 같이 너희를 대우하시나니 어찌 아버지가 징계하지 않는 아들이 있으리요 징계는 다 받는 것이거늘 너희에게 없으면 사생자요 친아들이 아니니라 또 우리 육신의 아버지가 우리를 징계하여도 공경하였거든 하물며 모든 영의 아버지께 더욱 복종하며 살려 하지 않겠느냐 그들은 잠시 자기의 뜻대로 우리를 징계하였거니와 오직 하나님은 우리의 유익을 위하여 그의 거룩하심에 참여하게 하시느니라 무릇 징계가 당시에는 즐거워 보이지 않고 슬퍼 보이나 후에 그로 말미암아 연단 받은 자들은 의와 평강의 열매를 맺느니라"(히 12:5~11).

징계를 받을 때에 하나님을 의지하고 참아야 합니다. 더욱 복종해야 합니다. 그러면 우리는 거룩하게 되고, 의의 평강한 열매를 맺게 됩니다. 그래서 징계를 받을 때에 포기하지 말아야 합니다. 좌절

하거나 낙심하지 말아야 합니다. 사랑하기 때문에 징계를 주십니다. 그래서 징계는 우리에게 유익이라고 말씀하십니다. 잘못을 돌이키게 하시려고 징계하시는 하나님께 감사해야 합니다. 징계로 우리는 하나님의 거룩하심에 참여하기 때문입니다.

둘째, 마침내 복을 주시기 위해서입니다.

"네 조상들도 알지 못하던 만나를 광야에서 네게 먹이셨나니 이는 다 너를 낮추시며 너를 시험하사 마침내 네게 복을 주려 하심이었느니라"(신 8:16).

골짜기 뒤에는 풀밭이 있습니다. 마른 풀만 먹던 양들에게는 꼭 필요한 푸른 풀밭이 기다리고 있습니다. 골짜기 뒤에는 목장이 있습니다. 겨울의 추위와 비바람을 피할 수 있는 목장이 있습니다. 좋은 것을 주시고, 보호하시고, 복을 주시려고 골짜기를 지나가게 하시는 것입니다. 복을 주시기 위하여 골짜기에서 우리를 낮추십니다. 그러면 복을 받을 때 교만하지 않고 그 복을 감당할 수 있는 겸손한 사람이 되기 때문입니다.

셋째, 훈련을 시키신 후에 정금같이 만드셔서 우리로 사명을 감당하게 하시기 위해서입니다.

골짜기는 나를 훈련시키고 연단을 시키는 곳입니다. 인생 골짜기에서 나의 단점이 제거되고, 믿음의 사람이 되며, 성화되는 훈련을 받습니다.

"그러나 내가 가는 길을 그가 아

시나니 그가 나를 단련하신 후에는 내가 순금 같이 되어 나오리라"(욥 23:10).

골짜기는 나를 훈련시키고 연단을 시키는 곳입니다. 훈련을 받아야 쓰임을 받고, 연단을 받아야 훌륭한 병사가 됩니다. 금은 아주 센 불을 통과할 때 불순물이 빠지며 귀한 금으로 탄생합니다. 이와 같이 인생 골짜기에서 우리의 단점이 제거되고, 믿음의 사람이 되는 것입니다. 골짜기에서 우리는 성화되는 훈련을 받습니다.

그런데 그 사망의 음침한 골짜기에는 나 혼자만 있는 것이 아니라 주님께서 함께하신다고 성경은 기록하고 있습니다. 그래서 해가 두렵지 않습니다. 함께하시는 주님께서 지팡이와 막대기를 가지고 계십니다.

아프리카에서 유목 민족들은 막대기와 지팡이를 항상 들고 다닙니다. 막대기는 방어용입니다. 사자나 뱀이 양이나 사람을 공격하면 그것들을 무찌르는 도구입니다.

아프리카에서 알게 된 것은 사자와 사슴의 달리는 속도가 기가 막히게 똑같다는 것입니다. 그래서 사슴이 죽자고 도망하면 쫓아오는 사자에게서 도망칠 수 있습니다. 사자가 죽자고 따라가면 사슴을 잡아먹을 수 있습니다. 만약에 사자가 더 빨랐더라면 사슴은 멸종하고, 사슴이 더 빨랐더라면 사자는 다 굶어 죽었을 것입니다. 결국 같은 속도이기 때문에 사자가 따라가다가 허탕을 치는 경우도 꽤 있습니다. 그런데 양은 아주 느립니다. 사자가 볼 때 투실투실하여 사슴보다 먹을 것도 많습니다. 그래서 사자가 한 번 양을 잡아먹게 되면 계속 양만 잡아먹으려고 합니다.

이런 이유 때문에 일단 양을 한 마리라도 사자에게 잃어버리면 부족 남자들이 다 모여서 양을 잡아먹은 사자 사냥을 나갑니다. 사자가 있는 곳을 포위해서 포위망을 좁혀 나갑니다. 사자는 포위해 오는 사람들을 보며 포위망을 뚫고 도망을 쳐야 합니다. 한쪽을 선택하고 뛰어나갑니다. 그때 60cm 되는 단단한 나무로 만든 막대기를 가지고 사자의 머리를 칩니다. 막대기(나무 뭉치)가 사자 머리를 부숩니다. 그리고 막대기 뭉치 반대쪽 뾰족한 끝을 부서진 머리 사이에 넣고 휘저어 골을 파괴함으로 사자를 죽입니다. 사자를 죽인 사람은 영웅이 됩니다. 총각이라면 장가 못 갈 염려가 없습니다. 모든 여성들의 선망의 대상이 되기 때문입니다.

그러나 사람들이 항상 사자를 죽이는 것은 아닙니다. 막대기가 빗맞으면 사자 때문에 사람이 크게 다치거나 죽습니다. 사자가 발로 치는 힘은 야구 선수가 야구방망이를 휘두르는 위력입니다. 사람이 사자에게 죽으면 그를 영웅시하여 장사를 크게 치러 줍니다. 광야에는 뱀이 많은데 거의 독사입니다. 이 독사들을 보아도 목자들은 막대기를 던지는데 막대기가 뱀의 머리를 맞추면 뱀이 죽게 됩니다. 빗맞으면 역시 사람이 뱀에 물려 죽거나 다칩니다.

우리 주님은 막대기를 가지시고 우리를 보호하시되 실수를 하시는 적이 없습니다. 언제나 마귀의 머리를 치십니다. 그리고 반드시 승리하십니다. 그러니 마음이 든든합니다. 우리는 사망의 음침한 골짜기의 상황에서도 우리를 보호하시는 하나님을 그냥 의지하면 됩니다. 또한 주님은 지팡이로 우리를 안내하십니다. 이쪽으로 가라고, 저쪽으로는 가지 말라고 알려 주십니다. 가시나무가 있으면 우리가 찔리지 않도록 지나가는 길에 목자가 가시나무를 한쪽으로 눌러서 치워 줍니다. 사람 목자는 잘못된 곳으로 인도할 수 있으나 주님은 우리가 가야 하는 길을 아십니다. 그러니 사망의 음침한 골짜기로 다닐지라도 문제가 되지 않습니다.

그리고 골짜기는 지나가는 것입니다. "골짜기로 다닐지라도"를 영어로 보면 "through the valley"라고 기록되어 있습니다. 골짜기 안에(in) 사는 것이 아닙니다. 골짜기로(to) 가는 것이 목적도 아닙니다. 결국 사망의 음침한 골짜기는 통과(through)가 목적이고 반드시 지나가는 것입니다.

이제 그 사망의 음침한 골짜기를 지나가면 무슨 일이 있습니까?

"주께서 내 원수의 목전에서 내게 상을 차려 주시고 기름을 내 머리에 부으셨으니 내 잔이 넘치나이다"(5절).

골짜기를 지나가는 동안에는 정말 부끄럽고 답답합니다. "예수 믿는다더니 왜 그래? 잘되는 게 없어? 자녀가 왜 그 모양이야? 건강은 왜 그 모양이야? 사업이 왜 그 꼴이야?" 등 비웃는 친구, 친척들 앞에서 할 말이 없고 부끄러웠습니다. 그런데 이제 골짜기를 벗어나 승리하니 놀리던 자들이 보는 앞에서 상다리가 부러질 정도로 차려 주십니다. 기름을 머리에 부으시니 잔이 넘칩니다.

그러므로 그 다음에는 이런 고백이 나옵니다.

"내 평생에 선하심과 인자하심이 반드시 나를 따르리니 내가 여호
와의 집에 영원히 살리로다"(6절).

선하심과 인자하심이 나를 항상 따라온다는 것입니다. 내가 그
렇게 믿을 뿐만 아니라 "저 사람을 보니 선한 것과 자비하심(사랑)이
따라다니네"라는 말들을 한다는 것입니다. 그러므로 우리는 이 땅
에서 어려울 때나 좋을 때나 하나님의 집에 사는 것이고, 천국에서
영원히 하나님의 집에 사는 것입니다.

어려운 일이 생기면 더욱 주님을 의지하고 피해야 합니다. 그런
사람들은 하나님의 선하심을 경험하게 됩니다.

"너희는 여호와의 선하심을 맛보아 알지어다 그에게 피하는 자는
복이 있도다"(시 34:8).

하나님은 우리에게 하나님께 피하라고 말씀하십니다. 그러면 어
떻게 피할 수 있습니까? 바로 하나님을 의지하며 보호해 달라고 믿
음으로 기도하는 것입니다. 그런 사람이 복이 있다고 말씀하십니
다. 우리는 예수님과 복음을 위하여 선한 일을 하다가 고난을 받을
때도 있습니다. 그럴 때에도 하나님을 의지해야 합니다. 하나님은

모든 것을 다 아시고 상으로 갚아 주시기 때문입니다. 우리가 두려워할 분은 오직 하나님 한 분입니다.

"그러나 의를 위하여 고난을 받으면 복 있는 자니 그들이 두려워하는 것을 두려워하지 말며 근심하지 말고"(벧전 3:14).

"너희가 그리스도의 이름으로 치욕을 당하면 복 있는 자로다 영광의 영 곧 하나님의 영이 너희 위에 계심이라"(벧전 4:14).

예수님은 죄가 없으신 분이나 죄인으로 누명을 쓰셨습니다. 하나님을 의지하셨기 때문에 침묵하셨습니다. 결국 십자가에서 죽으셨습니다. 그래서 하나님은 예수님의 이름을 모든 이름 위에 뛰어난 이름으로 높이셨습니다. 어떤 상황에서도 하나님을 의지하는 것이 복입니다.


### 어떠한 상황에서도 하나님을 의지했던 요셉

하나님은 목적이 있으셔서 요셉을 종으로 팔리게 하셨습니다. 그리고 성실하게 일하던 요셉을 옥살이를 시키십니다. 복을 주시려고 또한 사명이 있어서 훈련을 시키시는 것입니다. 주님께서 요셉과 늘 함께하시며 막대기와 지팡이를 들고 같이 계셨습니다. 그리하여 요셉은 끝이 있는 골짜기를 벗어남으로 예비하신 복을 누리고, 정금같이 빛나는 사명을 감당하고 하나님 아버지의 이름을 높여 드리는 사람이 되었습니다. 우리 모두에게 그러한 복이 임하기를 바랍니다.


## 어떠한 상황에서도 주님을 의지하라

어떤 상황에서도 하나님을 의지해야 합니다. 하나님은 나를 위하여 독생자 예수님을 주신 아버지 하나님이십니다. 나를 위하여 이 땅에 오셔서 생명을 주신 주님이십니다. 그러니 항상 주님만 의지하면 됩니다.

주님만 의지함으로 생긴 기적 하나를 소개해 드리겠습니다.

현재 저희 교회는 올림픽 권투경기장이었던 건물입니다. 교회 건물을 살 때 250억 원짜리 건물을 65억 원의 계약금을 내고 나머지 185억 원은 은행 대신 집주인이 융자를 해 주는 방식으로 일정 기간 후에 갚아야 하는 조건으로 계약했습니다. 조건은 6%의 이자를 내다가 4년 후인 2008년 12월 30일까지 원금을 모두 갚는 것이었습니다. 못 갚으면 그날로 벌금 11억 원에 건물을 집주인이 차압할 수 있는 조건이었습니다. 상업용 부동산 가격이 올라가는 추세였기에 4년 후에 재융자를 얻는 것에는 아무 문제가 없으리라고 생각한 저는 별 생각 없이 그 서류에 서명을 했습니다.

그래서 2008년 초부터 재융자를 알아보았습니다. 세 개의 은행에 융자 서류를 신청했습니다. 그 중 하나인 한국계 은행에서 행장

이 교회로 저를 찾아왔습니다. 한국계 교회가 한국계 은행을 밀어 주어야지 미국 은행을 사용하면 교포 은행은 언제 발전을 하느냐며 꼭 자신들의 은행을 이용해 달라고 했습니다. 미국 은행들보다 절대 나쁘지 않은 조건으로 할 것이며 185억 원 외에 100억 원을 더 빌려 주어 교육관 겸 체육관을 지을 수 있도록 해 준다는 것이었습니다. 부동산 가격도 3년 전에 살 때보다는 거의 두 배가 올라 있어 그렇게 하자고 했습니다. 그리고 미국계 은행에 신청한 서류들에 대해서는 후속 조치를 하지 않고 한국계 은행에서 융자 보증 서류를 받았습니다.

그런데 2008년 8월부터 시작된 미국의 금융 사태는 생각보다 훨씬 더 심각했습니다. 모든 은행은 대출을 거의 중단했습니다. 부동산 폭락과 함께 몇몇 은행들이 문을 닫고 정부로부터 구제금융을 받아야 하는 상태가 되었습니다. 은행 주식은 급락하고 한 치 앞을 모르는 상황이 되었습니다. 10월 중순에 한국계 은행에서 연락이 왔습니다. 너무 미안하지만 융자를 해 주지 못 하겠다는 것입니다. 1달러에 1,000원이던 환율이 1,500원으로 올라 고객들이 돈을 빼서 한국에 투자하는 바람에 은행 잔고가 없고, 주식이 떨어져 은행이 문을 닫을지도 모르는 판국이라는 것입니다. 더욱이 정부에서 심사가 아주 엄격해졌다는 것입니다.

교회 재정 담당자들은 분개하며 은행을 고소하자고 했습니다. 융자 서류에 서명을 해 주며 다른 은행들에게 가지 못하게 하더니 이제 와서 상황이 어렵다고 약속을 어기면 우리는 벌금도 내야 하고 교회 건물을 날리는데 그냥 앉아서 당하면 말이 안 된다고 했습니다. 그래도 '어떻게 교포 교회가 교포 은행을 고소하나?'는 생각에 할 수 없이 먼저 서류를 넣었던 미국계 은행을 찾아갔습니다. 그들은 서류를 더 제출하라고 공문을 보냈는데 아무 응답이 없었고, 심지어 6개월 동안 아무 행동도 없다가 찾아온 교회를 반가워하지 않았습니다. 그리고 미국계 은행도 융자를 거의 중단한 상태였습니다. 직접 거절은 안 했지만 우리가 할 수 없는 서류들을 요구하고 너무나 불리한 조건들을 제시했습니다.

미국 사람들은 못하겠다는 말을 이런 식으로 표현합니다. 황당했습니다. 그래서 다른 미국 은행 문을 두드렸습니다. 두 달 만에 융자를 달라는 것도 말이 되지 않고, 더구나 최악의 금융 사태가 일어난 지금같은 때에 그런 큰 금액의 융자는 불가능하다는 것이었습니다. 미국에서는 상업용 부동산의 경우도 아무리 빨라야 4개월 이상의 융자 기간이 필요합니다. 거쳐야 할 과정이 많기 때문입니다. 그렇게 해서 2주일이 지나갔습니다. 이제 많은 성도들과 길거리로 나가야 할 처지였습니다.

그러나 하나님을 의지했습니다. 그렇게 하니 마음은 편했습니다. 하루는 새벽기도를 하는데 주님께서 감동을 주셨습니다. "한 은행이 하기에는 너무 많은 금액이니 여러 은행들을 묶어라" 하고 말씀 해 주셨습니다. 그래서 재정 국장인 집사님을 불러서 은행들을 다녀 보라고 했습니다. 17개의 은행을 다녔는데 "우리 고객들에게도 못해주는 때에 고객도 아닌 교회에게 어떻게 융자를 해 주느냐.

더구나 6주 만에 하는 것은 말도 안 된다"라고 거절을 했습니다. 희망을 걸었는데 이런 답을 받으니 낙심이 되었지만 그래도 주님을 의지했습니다.

그런 중에 맨 처음 융자를 해 주겠다던 은행에서 다른 은행이 나머지를 하면 자신들이 50억 원을 대출해 주겠다는 연락이 왔습니다. 그리고 교회 거래 은행에서 50억 원을 해보겠다고 연락이 왔습니다. 긴 이야기를 다 할 수는 없어서 짧게 요약하겠습니다. 기적같이 아는 사람들과 은행들이 연결 연결되면서 185억 원을 7개 은행이 공동융자 하기로 약속이 만들어졌습니다.

그런데 마감 3주일을 남겨 놓고 두 은행에서 자신들은 빠지겠다고 했습니다. 한 은행만 빠져도 이 융자는 안 되는 것입니다. 다 같이 해야 하는 조건이었기 때문입니다. 이유는 담당자가 해 주려고 해도 은행장 결재가 있어야 하고 또 이사회의 승인을 받아야 하는데 거기서 걸린 것입니다. 그래도 주님을 의지했습니다.

한 은행에 금액을 더 올려 달라고 부탁을 하고 다시 다른 은행에 연락하여 185억 원의 융자를 엮어 가는데 마감을 2주 앞두고 한 은행에서 서류를 고치자고 했습니다. 이대로는 융자에 참여할 수 없다는 것입니다. 은행마다 적용하는 규칙이 다를 수 있기도 하지만 난감했습니다. 서류를 부랴부랴 고쳐서 모든 은행들이 다시 다 서

아무리 어려워도 주님을 의지하면 마음이 편합니다. 잠이 잘 옵니다. 걱정해도 방법이 없습니다. 그냥 주님을 믿으면 됩니다. 의지하면 됩니다.

명을 했습니다. 공동 융자이기 때문에 한 은행이 고치자고 하면 모든 은행이 다 고쳐야 합니다. 서류가 먼저 다 되어야 그 다음에 융자 절차에 들어가는 것이 과정입니다.

그러다가 주인과의 약속 마감을 6일 앞둔 12월 24일 성탄절 전야에 일이 터졌습니다. 한 은행에서 서류를 또 고치자고 한 것입니다. 그 은행의 담당 변호사가 이 서류로는 융자를 못하겠다는 것입니다. 시간이 별로 없었습니다. 2008년 12월 24일은 수요일이었습니다. 25일 성탄절은 공휴일이고, 26일 금요일이 지나면 27일 토요일과 28일 주일은 은행이 일을 안 합니다. 그리고 이틀 후가 마감일인 30일입니다. 11억 원 벌금에 건물을 차압당합니다. 우리의 상황을 알고 있는 먼저 주인은 차압을 위한 법적 절차를 밟아가고 있었습니다. 주인을 만나서 한 달만 연장을 해 달라고 해도 막무가내였습니다.

그런 상황에서 12월 24일 수요일 오후에 전체 융자를 주도하던 은행 변호사와 한 은행의 변호사가 전화로 서류에 있는 문장 하나로 다툰 것입니다. 서류를 다시 해오라는 것이었습니다. 이미 다른 은행 관계자들의 상당수는 휴가를 떠난 상태였습니다. 이제 서류 재서명은 불가능합니다. 그런 상황에서 서로 다투고 전화를 끊은 것입니다. 방법이 없는 절망의 순간이었습니다.

그래도 주님을 의지했습니다. 그런데 두 변호사가 기적적으로 오후 6시 반에 만나서 합의를 했습니다. 성탄 전야인 24일 저녁 6시 반은 변호사가 일하는 시간이 아닙니다. 하나님의 기적이었습니다. 그래서 12월 26일 금요일에 서류가 진행되어 29일 월요일, 즉 마감일 하루 전에 에스크로 회사에 185억 원이 입금되었습니다. 모든 사람이 기적이라고 말합니다. 미국에서 융자가 거의 안 되던 시기였기 때문입니다.

아무리 어려워도 주님을 의지하면 마음이 편합니다. 잠도 잘 옵니다. 한번은 아내가 물었습니다.

"당신은 목사니까 사람들에게 불안한 마음을 안 주려고 걱정이 되고 불안한데 그러지 않는 척하는 것이 아니에요? 정말 걱정이 되지 않았나요? 성도들과 거리로 나갈지도 모르는데 정말 걱정이 없는지 나에게 솔직하게 말해 주세요."

"주님을 의지하기에 이 일에 정말 걱정이 없다"라고 대답했습니다. 그리고 이렇게 말하고는 제가 코를 골며 자더라는 것입니다.

이 간증을 하는 이유는 제가 잘났다는 말이 아닙니다. 저는 별 볼일 없지만 전능하신 주님을 의지한다는 것입니다.

주님을 의지하면 마음이 편합니다. 걱정해도 방법이 없습니다. 그냥 주님을 믿으면 됩니다. 의지하면 됩니다. 하나님은 주님을 의지하는 사람이 복이 있다고 말씀하십니다. 우리 모두에게 그러한 복이 임하기를 바랍니다.

### 하나님의 복을 받는 비결 4

하나님은 우리에게 하나님께 피하라고 말씀하십니다. 피할 수 있는 방법은 바로 하나님을 의지하며 보호해 달라고 믿음으로 기도하는 것입니다. 그런 사람이 복이 있다고 말씀하십니다.

복 받는 자리 5

# 온전한 십일조를 드리라

십일조는 내 것이 아니라 하나님의 것입니다. 십일조는 우
리의 것이 아니고 하나님의 것입니다. 그래서 십일조를 내
지 않는 것은 하나님의 것을 훔치는 것입니다.

"만군의 여호와가 이르노라 너희 조상들의 날로부터 너희가 나
의 규례를 떠나 지키지 아니하였도다 그런즉 내게로 돌아오라 그
리하면 나도 너희에게로 돌아가리라 하였더니 너희가 이르기를
우리가 어떻게 하여야 돌아가리이까 하는도다 사람이 어찌 하나
님의 것을 도둑질하겠느냐 그러나 너희는 나의 것을 도둑질하고
도 말하기를 우리가 어떻게 주의 것을 도둑질하였나이까 하는도
다 이는 곧 십일조와 봉헌물이라 너희 곧 온 나라가 나의 것을 도
둑질하였으므로 너희가 저주를 받았느니라 만군의 여호와가 이르
노라 너희의 온전한 십일조를 창고에 들여 나의 집에 양식이 있게
하고 그것으로 나를 시험하여 내가 하늘 문을 열고 너희에게 복을

쌓을 곳이 없도록 붓지 아니하나 보라 만군의 여호와가 이르노라 내가 너희를 위하여 메뚜기를 금하여 너희 토지 소산을 먹어 없애지 못하게 하며 너희 밭의 포도나무 열매가 기한 전에 떨어지지 않게 하리니 너희 땅이 아름다워지므로 모든 이방인들이 너희를 복되다 하리라 만군의 여호와의 말이니라"(말 3:7~12).

## 십일조 설교를 하라는 하나님의 감동

한 번은 하나님께서 저에게 십일조에 대한 설교를 하라는 감동을 주셨습니다. 저는 "주님, 돈 이야기는 성도들이 좋아하지 않습니다. 지금 경기가 안 좋아 성도들이 부담스러워하고 저도 부담스럽습니다. 그리고 은혜 받으면 십일조 다 합니다" 하고 대답했습니다. 그랬더니 주님이 또 말씀하셨습니다. "바로 가르치고 바로 배워야 성도들이 복을 받는다. 훌륭한 어머니는 아이가 안쓰러워도 공부시키고 훈련시킨다. 자녀를 바로 가르치는 것이 좋은 어머니다. 신앙생활에서 돈이 얼마나 중요한데, 돈 빼놓고 이야기하면 제일 중요한 것을 빼는 것이다. 나머지 열심히 잘하면 뭐해? 가장 중요한 것이 빠졌는데, 왜 가장 중요한 것을 빼놓고 설교를 하느냐"라고 저를 책망하셨습니다.

돈의 위력을 알고 계십니까? 돈이 얼마나 중요한 것인지 모릅니다. 어떤 사람은 돈을 지키려다가 생명을 잃어버리는 경우도 있고, 돈 때문에 동기간에 의리가 상하는 경우도 있습니다. 또한 돈 때문에 친구가 배신을 하기도 합니다. 돈은 굉장히 중요한 것입니다.

성경에는 하나님과 재물을 겸하여 섬길 수 없다고 말씀하고 있습니다. 돈의 위치는 어디까지 올라갑니까? 하나님까지 올라가 있습니다. 세상에서 돈이 굉장히 중요하듯이 신앙생활에서도 돈이 굉장히 중요합니다.


## 온전한 십일조란?

십일조가 무엇입니까? 소득의 십분의 일을 하나님께 드리는 것입니다. 예를 들면 월급 받는 사람은 세금을 다 제외한 순수익에서 십분의 일을 드리는 것입니다. 장사하는 사람은 경비, 즉 임대료, 전기세, 전화요금, 인건비 등을 제외하고 순수익에 십분의 일을 하나님께 드리는 것입니다. 생활비를 쓰고 빚진 것을 갚는 것은 경비가 아닙니다. 십일조를 내고 남는 것을 가지고 생활비로 사용하고, 빚을 갚는 것입니다.

또한 십일조는 다른 목적으로 쓸 수 없습니다. 선교비나 구제비로 한다든지, 아내가 불쌍하다고 십일조를 아내나 내가 아는 어떤 선교사에게 주어서도 안 됩니다. 왜냐하면 십일조는 철저하게 하나님(내가 성찬식을 하는 등록한 교회)께 드려야 하기 때문입니다.

헌금은 십일조 외에 다른 것들을 말하기 때문에 십일조를 가지고 헌금으로 대체하면 안 됩니다. 헌금은 감동받은 때에 나의 헌신을 따라 드리는 것입니다.

## 십일조와 관련한 두 가지 질문

최근에 한 부부에게 이런 질문을 받았습니다.

"목사님, 우리 부부는 십일조를 해 왔습니다. 그런데 얼마 전에 빚지지 말라는 목사님의 말씀을 듣고 고민을 하고 있습니다. 빚 때문에 부담이 됩니다. 빚지지 말라고 하셨는데, 우리에게는 빚이 있습니다. 십일조를 내지 말고 빚을 먼저 갚아야 할까요?"

"십일조는 내 것이 아니고 하나님의 것입니다. 십일조를 먼저 드리고 나머지로 빚을 갚으세요"라고 권면하였습니다.

또 한 분이 이런 편지를 보내왔습니다.

"저는 십일조를 정말 하고 싶은데 저와 아내의 수입이 고정되어 이 금액이 딱 필요합니다. 십일조를 내면 생활비가 모자랍니다. 그래도 십일조를 내야 합니까?"

"그래도 십일조를 드리십시오. 그러면 나머지는 하나님께서 알아서 하십니다"라고 말씀드렸습니다. 그러나 그분들에게 다른 대책이 있는 것은 아닙니다. 저 또한 대책이 없지만 하나님께서는 대책이 있으십니다. 우리는 단지 하나님께서 약속하신 말씀을 믿을 뿐입니다. 말씀이 그 근거가 됩니다. 하나님 여호와가 직접 하신 말씀이기 때문입니다. 만군의 여호와, 전능의 하나님, 모든 천군 천사의 하나님, 모든 사람의 하나님께서 하신 말씀입니다.

말라기의 말씀을 해석하면 이렇습니다.

"너희가 조상 때부터 지금까지 너희가 나의 법과 규칙, 그리고 율법을 떠나 지키지 아니하는구나. 너희가 먼저 내게 돌아오면 내가 너희에게 돌아가리라 말했더니 너희가 나에게 이르기를 '우리가 어떻게 해야 하나님께 돌아갑니까? 하나님께 돌아간다는 것이 무슨 말이에요? 어떻게 하면 돌아가는 거죠?' 이렇게 물어보는구나. 사람이 어찌 하나님의 것을 도둑질하겠느냐? 그러나 너희는 나의 것을 도둑질하고도 말하기를 '우리가 어떻게 주의 것을 도둑질하였나이까?' 하는구나. 너희 질문에 나 여호와 대답은 이것이다. '이는 곧 십일조와 헌물이라. 십일조 안 한 것이 훔치는 것이다. 왜냐하면 십일조는 내 것이기 때문이다'"라고 말씀하십니다.

"십일조 내지 않은 것을 훔치는 것"이라고 말씀하십니다. 너희 곧 온 나라가 나의 것을 도둑질하였으므로 즉 십일조를 내지 않았으므로 너희가 저주를 받았다고 하십니다. 너희의 온전한 십일조를 창고에 들여 나의 집에 양식이 있게 하고 그것으로 나를 시험하여 내가 하늘 문을 열고 너희에게 복을 쌓을 곳이 없도록 붓지 아니하나 보라고 하십니다. 너희를 위하여 내가 메뚜기를 금하여 너희 토지 소산을 멸하지 않게 하며, 너희 밭에 포도나무의 과실이 기한 전에 떨어지지 않게 하겠다고 하셨습니다.

농부가 열심히 일했습니다. 열심히 일하고 비료와 거름을 주고 벌레도 잡고 가지치기를 했는데 마지막에 과실이 떨어지면 안 될 것입니다. 마지막에 비가 온다든지 바람이 세게 분다든지 서리가 내린다든지 해서 과실이 떨어지면 끝나는 것입니다. 끝까지 과실이 붙어 있다가 익어야지 내다 팔기도 하고 먹기도 합니다. "나에게로 돌아오면, 즉 십일조를 철저하게 드리면 내가 너희 밭에 포도나무

과실로 기한 전에 떨어지지 않게 하리니 너희 땅이 아름다워지므로 모든 이방인들이 너희를 복되다 하리라"고 말씀하십니다.

## 십일조의 유익

십일조는 내 것이 아니라 하나님의 것입니다. 십일조는 우리의 것이 아니고 하나님의 것입니다. 그래서 십일조를 안 내는 것은 하나님의 것을 훔치는 것입니다. 하나님의 것을 훔치는데 왜 하나님이 복을 부어 주시겠습니까? 그것은 하나님께 돌아오려는 자세가 아닙니다. 그래서 복을 주시지 않습니다.

많은 사람들이 아침부터 밤까지 뼈가 부서지게 일합니다. 아무리 열심히 일하고 노력한다고 해도 그것만으로 부자가 되는 것이 아닙니다. 열심히 일을 해야 하지만 하나님이 복을 부어 주셔야 합니다. 하나님이 복을 부어 주셔야지 열심히 일만 한다고 되는 것이 아닙니다. 복을 받지 못하면 고생만 합니다.

아브라함은 십일조를 잘 했습니다. 전쟁에 나가서 승리하고 돌아올 때에도 이 전쟁은 하나님이 승리하게 해 주셨다고 하면서 십일조를 드렸습니다. 아브라함은 철저하게 십일조를 드렸습니다. 그래서 아브라함은 복을 받았습니다. 아브라함은 그 당시에 남의 나라에 가서 살았지만 부자로 살았습니다. 또한 아들에게 잘 가르쳤습니다. 아들 이삭도 열심히 십일조를 했습니다. 그래서 이삭도 거부가 되었습니다. 이삭도 야곱을 잘 가르쳤습니다. 야곱이 어린 나이에 자기 외가에 가면서 하나님께 기도를 합니다.

"하나님, 제가 건강하게 돌아오면 제 모든 소득에 십분의 일을 드리겠습니다"라고 말입니다. 그래서 야곱도 부자로 살았습니다.

예수 믿는 사람이 가난하고, 예수 믿는 사람이 돈을 꾸러 다니고, 예수 믿는 사람이 얻어먹고, 동냥하는 모습은 정말 하나님께 영광이 되지 않고 전도가 안 됩니다. 없어서 매일 빌리러 다니고 빌린 후에 못 갚으면 무슨 영광이 되겠습니까?

하나님은 내 이웃을 내 몸과 같이 사랑하라고 하십니다. 그러나 내 이웃을 내 몸과 같이 사랑하려고 해도, 추운 사람에게 옷을 입혀 주고 싶어도, 배고픈 사람에게 밥을 먹여 주고 싶을 때에도, 목마른 사람에게 물을 먹여 주고 싶어도 있어야 베풀 수 있지 않겠습니까? 예수 믿는 사람이 부유하게 살아야 하는 이유가 여기에 있습니다. 말로만 사랑하지 않고 행동으로 사랑해야 하기 때문입니다.

그런데 부자가 천국에 가는 것은 낙타가 바늘구멍에 들어가는 것보다 더 힘들다고 예수님은 말씀하셨습니다. 그래서 우리가 알아야 할 것은 하나님을 믿지 않는데 부자인 것은 복이 아닐 수 있다는 것입니다. 심지어 그 물질 때문에 하나님께 나가지 못하고 천국에 가는 데 걸림돌이 된다는 것입니다. 안 믿는 사람에게 물질은 오히려 저주일 수 있습니다. 그러나 예수님 안에서 부자가 되는 것은 복입니다. 하나님을 믿는 사람은 부자가 되어야 합니다. 그래야 이웃에게 베푸는 사랑을 할 수 있습니다. 말로만 사랑하는 것은 누구나 할 수 있기 때문에 내 이웃을 내 몸과 같이 사랑하려면 있어야지 베풀고 도울 수 있습니다.

## 십일조의 진정한 의미

십일조는 우리가 하나님께 얼마나 순종하고 그분을 얼마나 사랑하는지를 재는 잣대입니다. 아무리 말로는 하나님을 사랑한다고 고백할지라도 하나님의 것을 훔치면 사랑하는 것이 아닙니다. 하나님께 순종하지 않는 것은 사랑하는 것이 아닙니다. 하나님은 우리의 믿음과 하나님을 향한 순종과 하나님을 향한 사랑을 시험하시려고 십일조를 하라고 하십니다.

## 록펠러의 십일조 훈련

록펠러는 그 자산의 가치를 지금으로 환산하면 세계 제일의 부자인 빌 게이츠보다 10배나 더 부자입니다. 스탠다드 오일을 만든 사람입니다. 돈이 얼마나 많았던지 미국 전역과 전 세계에 교회를 수없이 세웠고, 미국에 종합대학도 많이 세웠습니다. 지금도 록펠러 재단은 계속하여 사회를 섬기는 좋은 일을 많이 하고 있습니다.

한 기자가 록펠러에게 물어보았습니다.

"어떻게 이렇게 돈을 많이 벌었습니까?"

"어머니에게 유산을 받았습니다."

"어머니가 부자셨군요?"

"아니오. 어머니는 제게 천 원짜리 하나도 남겨 주지 않으셨습니다."

"그러면요?"

"제가 어렸을 때였습니다. 어머니가 나에게 좋은 교육을 해 주셨습니다. 그것은 철저하게 십일조를 드리는 교육이었습니다. 어머니의 교육이 나를 이렇게 부유하게 만들었습니다."

록펠러의 회사에는 십일조만 계산하는 직원이 40명이 있었다고 합니다. 40명이 철저하게 계산을 해서 십일조를 드렸습니다.


### 직접 맛보았던 십일조의 축복

"빚이 있는데 십일조를 해야 합니까?"

"예, 하십시오."

"십일조를 하면 생활이 안 되는데 해야 합니까?"

"예, 하십시오. 하나님을 믿고 하십시오."

하나님은 말씀으로 천지를 지으신 분이지 않습니까? 그분을 믿으십시오. 하나님은 홍해를 가르시고 광야에서 40년 동안 200만 명이 넘는 이스라엘을 만나로 먹이셨습니다. 반석에서 물을 내시고 죽은 사람을 살리셨습니다. 또한 마른 뼈를 명령하여 군대로 만드셨습니다. 하나님은 불가능이 없는 분

> 록펠러가 많은 부를 쌓은 이유는 바로 철저하게 십일조를 드렸기 때문입니다.

이십니다.

저는 하나님을 전혀 모르던 사람이었습니다. 그러다가 은혜를 받았습니다. 은혜를 받고 나니 무언가 드리고 싶었습니다. 교회를 다니면서 들은 말은 있어서 십일조를 하고 싶었습니다. 그런데 신앙이 없는 아내가 반대를 했습니다. 교회와 예수에 미치더니 이제 돈까지 갖다 바치려고 한다는 것입니다. 반대에 부딪치자 고민이 되었습니다. 그때는 사업을 할 때라 돈을 뒤로 빼서 십일조를 할까도 생각했지만 그 방법이 마음에 걸려 기도밖에 할 수 없었습니다. "하나님, 아내가 은혜 받게 해 주세요. 아내가 십일조 하자고 할 수 있게 해 주세요"라고 계속 기도했습니다. 그랬더니 정말 하나님이 몇 달 안에 아내에게 은혜를 주셨습니다.

아내가 은혜 받고 나서 첫 번째 한 말은 "당신이 십일조 하자고 한 날부터 지금까지 밀린 것 다 합쳐서 십일조 드립시다"라는 것이었습니다. 저는 그때 얼마나 감격하여 울었는지 모릅니다. 울면서 십일조를 드렸습니다. 그 후 하나님께서 저에게 엄청난 복을 부어 주셨습니다. 건강, 가정, 인간관계, 사역 등 모든 분야에 복을 부어 주셨습니다. 저는 정말 다시 태어나도 우리 가정에서 살기를 원하고, 제 아내와 우리 아이들과 같이 살기를 원합니다. 저는 다시 태어나도 제가 하는 일을 다시 하기를 원한다고 고백할 수 있을 정도로 복을 많이 받았습니다.

또한 저는 십일조를 내면서 놀라운 사실을 깨달았습니다. 100 가운데 10을 냈으면 90만 남게 됩니다. 그런데 비록 90만 남았을지라도 그 90이 100보다 더 오래 지속이 된다는 것입니다. 이 말은 경험하지 않으면 이해가 안 되는 부분입니다.

아프리카에서 사역할 때의 일입니다. 자동차가 아주 오래된 차였습니다. 그런데 아무리 타고 다녀도 고장이 나지 않았습니다. 또 지금은 새 차를 타지만 미국에 와서 처음에는 20년 된 차를 탔습니다. 그런데 한 번도 망가지지 않았습니다. 그리고 사고도 한 번 나지 않았습니다. 차 한 번 망가지면 몇십만 원이 날아가고, 사고 한 번 나면 몇 백만 원이 날아갑니다. 그런데 하나님이 사고 한 번 안 나게 하시고 한 번도 망가지지 않게 해 주셨습니다. 그뿐입니까? 저나 우리 가족이 병원 간 적이 거의 없습니다. 병원 한 번 가면 몇십만 원 깨집니다. 바로 하나님이 메뚜기를 금해 주시는 것 같았습니다. 기한 전에 과실이 떨어지지 않게 하나님이 다 잡아 주시는 것 같았습니다.

사업을 할 때는 돈 쓸 일이 어찌나 많았는지 모릅니다. 돈은 많이 들어오는데 항상 돈이 모자랐습니다. 그런데 지금은 개인적으로 돈쓸 때도 별로 없지만 필요할 때면 항상 돈이 있습니다. 필요할 때 돈이 있는 사람이 부자입니다. 십일조 하기 전과 후는 얼마나 비교되는 삶입니까? 정말 하나님이 넘치게 복을 부어 주십니다.

## 사소한 것이라도 하나님은 그냥 넘어가지 않으신다

이스라엘이 아이 성을 쳐들어갔다가 실패를 했습니다. 아이 성은 조그만 성이었지만 패배했습니다. 큰 성 여리고는 이겼는데, 아이 성은 아주 작았지만 졌습니다. 진 이유를 조사했더니 아간이 외투 한 벌과 은 200세겔과 금 50세겔을 훔쳐서 땅에 묻어 놓았기 때문입니다. 바로 아이 성에서 진 이유는 하나님의 것을 훔쳤기 때문이었습니다.

아간은 사소한 것이라고 생각했습니다. 그런데 아간은 그 사소한 일 때문에 죽임을 당했습니다. 뿐만 아니라 이스라엘은 전쟁에서 지게 되었습니다. '사소한 것은 하나님이 눈감아 주시겠지'라는 생각 때문에 아간뿐만 아니라 온 가족이 죽임을 당하게 되었습니다. 하나님 말씀에 순종하는 것이 얼마나 중요한지 모릅니다. 십일조도 대충 하는 것이 아니고 모든 수입에서 철저하게 해야 합니다.

## 순종한 사람들이 누리는 십일조의 유익

"왕의 명령이 내리자 곧 이스라엘 자손이 곡식과 포도주와 기름과 꿀과 밭의 모든 소산의 첫 열매를 풍성히 드렸고 또 모든 것의 십일조를 많이 가져왔으며 유다 여러 성읍에 사는 이스라엘과 유다 자손들도 소와 양의

아간이 훔친 사소한 일 때문에 죽임을 당했습니다. 뿐만 아니라 이스라엘은 전쟁에서 졌습니다. '사소한 것은 하나님이 눈감아 주시겠지'라는 생각 때문에 아간뿐만 아니라 온 가족이 죽임을 당했습니다.

십일조를 가져왔고 또 그들의 하나님 여호와께 구별하여 드릴 성물의 십일조를 가져왔으며 그것을 쌓아 여러 더미를 이루었는데 셋째 달에 그 더미들을 쌓기 시작하여 일곱째 달에 마친지라 히스기야와 방백들이 와서 쌓인 더미들을 보고 여호와를 송축하고 그의 백성 이스라엘을 위하여 축복하니라 히스기야가 그 더미들에 대하여 제사장들과 레위 사람들에게 물으니 사독의 족속 대제사장 아사랴가 그에게 대답하여 이르되 백성이 예물을 여호와의 전에 드리기 시작함으로부터 우리가 만족하게 먹었으나 남은 것이 많으니 이는 여호와께서 그 백성에게 복을 주셨음이라 그 남은 것이 이렇게 많이 쌓였나이다"(대하 31:5~10).

히스기야 왕이 보니까 백성들이 가난하게 사는 이유가 하나님 말씀에 순종하지 않고 십일조를 드리지 않기 때문이라고 생각했습니다. 그래서 왕이 명령을 합니다. 왕의 명령은 다 들어야 하니까 곧 이스라엘 자손이 곡식과 포도주와 기름과 꿀과 밭의 모든 소산에서 첫 열매를 풍성히 드렸고 또 모든 것의 십일조를 많이 가져왔습니다. 유다 여러 성읍에 사는 이스라엘과 유다 자손들도 소와 양의 십일조를 가져왔습니다. 또 그들의 하나님 여호와께 구별하여 드릴 성물의 십일조를 가져와서 그것을 쌓았는데 정말 많은 더미들이 쌓였습니다.

10절에 "사독의 족속 대제사장 아사랴가 그에게 대답하여 이르되 백성이 예물을 여호와의 전에 드리기 시작함으로부터 우리가 만족하게 먹었으나 남은 것이 많으니 이는 여호와께서 그의 백성에게 복을 주셨음이라 그 남은 것이 이렇게 많이 쌓였나이다"라는 말씀이 있습니다. 이 말씀은 십일조를 드릴 때부터 복을 부어 주시므로 얼마나 먹을 것이 쌓였던지 남은 것이 있는데 또 새것이 들어오고 또 새것이 들어왔다는 말씀입니다.

저는 목사로 성도들이 다 부자가 되고, 가정이 행복하고, 형통하기를 바랍니다. 그런데 저의 바람보다 하나님은 그 자녀가 잘되기를 수천 배 더 많이 원하십니다. 그런데 중요한 원리를 잘 알아야 합니다. 왜 하나님이 원하시는데 복을 주시지 않는 것입니까? 하나님이 함께하신다는 것이 삶에 증거로 나타나기를 원하시는데 왜 그것이 되지 않는 것입니까?

가령 어떤 부모에게 이런 자녀가 있다고 가정합시다. 그 자녀는 돈이 있어도 자기밖에 몰라서 얼마나 인색한지 형제지간에 원수가 되었습니다. 또 돈에 너무 욕심을 부려서 종업원들에게 월급도 제대로 안 주고 남에게 갚아야 할 것도 안 갚고 혼자 다 챙겨 가지고 원망을 듣고 욕을 많이 먹고 있습니다. 이런 자녀에게나 돈을 가지고 마약, 도박, 음란한 행동을 하고 있는 자녀에게는 아버지가 아무리 돈이 많아도 주지 못합니다. 오히려 돈을 주면 도박이나 하고 딴짓을 하여 더 망가질까봐 그 부모님은 차라리 그 물질을 다른 사람에게 주거나 사회에 기부해 버립니다.

반대로 한 자녀는 돈이 있으면 잘 쓸 줄 안다고 합시다. 자기를 위해서 적당하게 쓰면서 남을 위해서 베풀 줄도 알고, 어려운 사람도와줄 줄도 알고, 형제지간에 의가 상하지 않게 적당하게 쓰면서 지혜롭게 쓰는 자녀가 있다고 칩시다. 부모가 어느 자녀에게 돈을 주고 싶겠습니까? 부모님이 돈이 많으면 그 돈을 왜 지혜롭게 남을 위하여 사용하는 자녀에게 주지 않겠습니까? 하나님도 마찬가지입니다. 하나님은 자기만을 위해 쓰는 자녀들에게 돈을 주실 수 없습니다.

### 은혜로 하는 십일조

십분의 일을 하나님께 드린다는 것은 모든 것이 하나님으로부터 왔다는 믿음의 표현입니다. 십일조는 하나님이 주신 것에 대한 감사의 표시입니다. 우리의 심장이 뛰는 것도 하나님의 은혜입니다. 내가 직장을 다니는 것이나 내가 사업을 하는 것도 다 하나님의 은혜입니다. 전부 다 하나님이 주신 것입니다. 하나님이 주신 것인 줄 알고 십분의 일을 드리는 것입니다. 십분의 일을 드릴 때 '너는 믿음으로 순종하려고 하는구나. 물질을 기꺼이 포기할 줄도 아는구나. 나를 사랑해서 네가 그렇게 하는구나' 하고 하나님은 생각하십니다.

우리가 하나님께서 하시는 시험에 합격하면, 즉 십일조를 온전히 드리면 쌓을 곳이 없을 정도로 복을 부어 주십니다. 그러면서 하나님은 "나를 시험하라. 내가 쌓을 곳이 없도록 복을 부어 주나 안 부어 주나 시험해 보라"고 말씀하십니다.

경기가 어렵습니까? 어려울수록 하나님 아버지 앞에 복을 받아야 합니다. 사람의 힘으로 하는 것이 아닙니다. 사람의 능력으로 하는 것도 아닙니다. 하나님이 문을 여시면 닫을 사람이 없습니다. 한 번 닫으시면 열 사람도 없습니다. 하나님이 복을 부어 주셔야 합니다. 비결은 십일조입니다. 아브라함을 시험하신 하나님은 그 말씀을 가지고 우리를 시험하고 계십니다.

## 구약뿐 아니라 신약에도 강조된 십일조

그런데 또 어떤 사람들은 이렇게 묻습니다.

"목사님, 그것은 율법이 아닙니까? 말라기는 구약에 있는 말씀이 아닙니까?"

"화 있을진저 너희 바리새인이여 너희가 박하와 운향과 모든 채소의 십일조는 드리되 공의와 하나님께 대한 사랑은 버리는도다 그러나 이것도 행하고 저것도 버리지 말아야 할지니라"(눅 11:42).

바리새인들은 십일조를 드리면서 인색한 마음으로 드렸습니다. 그랬더니 예수님이 말씀하셨습니다. "너희가 모든 채소까지 십일조는 드리되 하나님에 대한 사랑은 버렸다." 우리가 십일조를 드릴 때 하나님을 사랑하는 마음과 기쁨과 감사함으로 십일조를 드려야 합니다. 하나님이 나 같은 죄인을 사랑해 주시고, 나를 구원해 주시고, 나를 인도해 주시고, 나를 보호해 주신 것에 대해 말입니다. 예수님께서는 "그러나 십일조도 드리고 하나님을 사랑하는 마음도 절대 버리면 안 된다"라고 말씀하셨습니다. 예수님도 하나님을 사랑하는 마음을 가지고 십일조를 하라고 하셨습니다.

> "네 재물과 네 소산물의 처음 익은 열매로 여호와를 공경하라 그리하면 네 창고가 가득히 차고 네 포도즙 틀에 새 포도즙이 넘치리라"(잠 3:9~10).

네 재물과 네 소산물의 처음 익은 열매를 가지고 여호와를 공경하라고 하십니다. 어떻게 공경을 해야 한다고 합니까? 바로 십일조를 가지고 오라는 것입니다. 믿음으로 드리라는 것입니다. 하나님께 순종하라는 것입니다. 그렇게 십일조를 드리며 순종하면 어떻게 해 주겠다고 하십니까? 네 창고가 가득 찬다고 하셨습니다.

창고는 지금 당장 쓰는 물건을 넣는 곳이 아닙니다. 남은 물건을 넣는 곳이 창고입니다. 하나님께서 넘치게 하시니 저축을 할 수 있다는 것입니다. 하나님이 복을 부어 주시면 저축이 차고 넘친다는 것입니다. 또한 "네 포도즙 틀에 새 포도즙이 넘치리라"는 것이 무엇입니까? 너는 늘 새것을 먹고, 좋은 것을 먹는다는 뜻입니다. 하나님은 약속을 따라 좋은 것을 주기를 원하시는데 사람이 인색하여 받지 못합니다.

십일조는 넘치는 복을 받는 하나님의 약속입니다. 지혜로운 사람은 하나님을 믿고 하나님의 말씀을 믿습니다. 진실로 믿는 사람은 말씀을 실천합니다. 우리 모두에게 십일조의 복이 넘치기를 바랍니다.

하나님의 복을 받는 비결 5

십일조는 우리가 하나님께 얼마나 순종하고 얼마나 그분을 사랑하는지를 재는 잣대입니다. 하나님은 우리의 믿음과 하나님을 향한 순종과 하나님을 향한 사랑을 시험하시려고 십일조를 하라고 하십니다. 십일조는 넘치는 복을 받는 하나님의 약속입니다.

복 받는 자리 6

# 하나님을 감동시키라

하나님이 다윗에게 감당할 수 없을 정도의 엄청난 복을 주신
이유는 무엇입니까? 하나님을 너무 사랑했기에 말 한 마디
잘해서 하나님께 많은 복을 받았습니다.

## 하나님을 감동하시게 한 다윗

다윗은 말 한 마디 잘했다가 하나님께 많은 복을 받았습니다. 하
나님을 정말 사랑한 까닭에 마음에서 나오는 진심 어린 말 한 마디
를 하게 되었고, 그 말 한 마디는 하나님을 감동시켰습니다.

"여호와께서 주위의 모든 원수를 무찌르사 왕으로 궁에 평안히 살
게 하신 때에 왕이 선지자 나단에게 이르되 볼지어다 나는 백향목
궁에 살거늘 하나님의 궤는 휘장 가운데에 있도다 나단이 왕께 아
뢰되 여호와께서 왕과 함께 계시니 마음에 있는 모든 것을 행하소
서 하니라 그 밤에 여호와의 말씀이 나단에게 임하여 이르시되 가

서 내 종 다윗에게 말하기를 여호와께서 이와 같이 말씀하시되 네가 나를 위하여 내가 살 집을 건축하겠느냐 내가 이스라엘 자손을 애굽에서 인도하여 내던 날부터 오늘까지 집에 살지 아니하고 장막과 성막 안에서 다녔나니 이스라엘 자손과 더불어 다니는 모든 곳에서 내가 내 백성 이스라엘을 먹이라고 명령한 이스라엘 어느 지파들 가운데 하나에게 내가 말하기를 너희가 어찌하여 나를 위하여 백향목 집을 건축하지 아니하였느냐고 말하였느냐 그러므로 이제 내 종 다윗에게 이와 같이 말하라 만군의 여호와께서 이와 같이 말씀하시기를 내가 너를 목장 곧 양을 따르는 데에서 데려다가 내 백성 이스라엘의 주권자로 삼고 네가 가는 모든 곳에서 내가 너와 함께 있어 네 모든 원수를 네 앞에서 멸하였은즉 땅에서 위대한 자들의 이름 같이 네 이름을 위대하게 만들어 주리라 내가 또 내 백성 이스라엘을 위하여 한 곳을 정하여 그를 심고 그를 거주하게 하고 다시 옮기지 못하게 하며 악한 종류로 전과 같이 그들을 해하지 못하게 하여 전에 내가 사사에게 명령하여 내 백성 이스라엘을 다스리던 때와 같지 아니하게 하고 너를 모든 원수에게서 벗어나 편히 쉬게 하리라 여호와가 또 네게 이르노니 여호와가 너를 위하여 집을 짓고 네 수한이 차서 네 조상들과 함께 누울 때에 내가 네 몸에서 날 네 씨를 네 뒤에 세워 그의 나라를 견고하게 하리라 그는 내 이름을 위하여 집을 건축할 것이요 나는 그 나라 왕위를 영원히 견고하게 하리라 나는 그에게 아버지가 되고 그는 내게 아들이 되리니 그가 만일 죄를 범하면 내가 사람의 매와 인생의 채찍으로 징계하려니와 내가 네 앞에서 물러나게 한 사울에게서 내 은총을 빼앗은 것처럼 그에게서 빼앗지는 아니하리라 네 집과 네 나라가 내 앞에서 영원히 보전되고 네 왕위가 영원히 견고하리라 하셨다 하라"(삼하 7:1~16).

하나님의 은혜로 다윗 왕이 주변의 모든 나라를 이겨 전쟁이 끝났습니다. 주변에서 괴롭히던 블레셋, 미디안, 암몬, 모압 등의 많은 나라들을 다 무찌르고 궁에서 평안히 살게 되었습니다. 이때 다윗이 선지자 나단에게 말하기를 "나는 향기롭고 좋은 나무로 지은 궁전에 사는데 하나님의 궤는 휘장 가운데 있습니다. 하나님의 언약궤가 아직도 성막에 있어요. 나는 으리으리한 돌과 좋은 나무로 지은 집에 사는데 하나님의 집은 아직도 휘장 가운데 있습니다"라고 말 한 마디 했습니다. 그러자 나단이 말하기를 "하나님께서 왕과 함께 계시니까 임금님께서 마음에 있는 바를 다 행하세요"라고 합니다. 그 밤에 하나님이 나단에게 말씀하십니다.

"내 종 다윗에게 얘기해 주어라. 여호와의 말씀이 네가 나를 위하여 내가 살 집을 건축하겠느냐? 내가 이스라엘 자손을 애굽에서 인도하여 내던 날부터 오늘날까지 집에 살지 아니하고 장막(성막)에 살았다. 돌로 지은 집에 산 것이 아니라 나는 장막에서 살았다."

하나님은 제사장들이나 레위 지파나 유나 지파에게 하나님을 위해 백향목 집을 지으라고 말씀하신 적이 없는데, 다윗이 그런 말을 먼저 하는 것이 너무너무 기특하다는 것입니다. 그래서 하나님이 다윗의 말에 감동을 받으셔서 다윗에게 이렇게 말을 전하라고 하십니다.

## 다윗이 받은 축복

"만군의 여호와께서 이와 같이 말씀하시기를 내가 너를 목장 곧 양을 따르는 데에서 데려다가 내 백성 이스라엘의 주권자로 삼고 네가 가는 모든 곳에서 내가 너와 함께 있어 네 모든 원수를 네 앞에서 멸하였은즉…"(삼하 7:8~9상).

다윗은 원래 목동이었습니다. 다윗에게는 형이 일곱 명이나 있었고 막내인 다윗은 목동으로 일을 하고 있었습니다. 이스라엘에서 목동이라는 말은 별 볼일 없다는 말입니다. 하나님은 목동이던 다윗을 데려다가 이스라엘의 왕으로 만들어 주셨습니다. 그리고 다윗이 어디를 가든지 모든 원수를 멸하게 하셨고, 싸우는 곳마다 승리하게 해 주셨습니다. 그것도 다윗이 하나님을 사랑하여 하나님의 이름을 모독하는 골리앗과 목숨을 걸고 싸웠고 하나님의 백성들을 사랑하여 침략자들과 싸운 결과였습니다. 이미 하나님을 사랑하여 그런 복을 받았던 다윗에게 그의 말 한 마디에 감동을 받으신 하나님은 이런 복된 약속을 하십니다.

"… 땅에서 위대한 자들의 이름 같이 네 이름을 위대하게 만들어 주리라"(삼하 7:8,9).

다윗의 이름을 위대하게 만들어 주겠다고 하셨습니다. 이스라엘에서 가장 위대한 사람은 다윗입니다. 가장 큰 왕입니다. 이스라엘의 별은 다윗의 별입니다. 농담 반 진담 반으로 이스라엘에서 맞아 죽으려면 다윗을 욕하면 된다고 합니다. 예수님도 생애에 다윗 이야기를 몇 번이나 하셨습니다. 마태복음 1장에 있는 예수님의 계보에 믿음의 조상 아브라함은 그 이름이 세 번 나오고 다윗은 다섯 번이 나옵니다. 심지어 예수님을 다윗의 후손이라고 불렀습니다. 하나님은 약속하신 것을 지키셨습니다.

"내가 또 내 백성 이스라엘을 위하여 한 곳을 정하여 그를 심고 그를 거주하게 하고 다시 옮기지 못하게 하며…"(10상).

사람이 정착을 못하고 계속 이사를 다니는 것은 참 피곤합니다. 이스라엘 백성은 늘 전쟁을 했기 때문에 정착을 하지 못했습니다. 이런 이스라엘 백성에게 뿌리를 내리고 살게 하겠다는 약속이 얼마나 큰 축복이었겠습니까? 유목 민족은 비가 안 오면 물과 풀을 따라 옮겨 다닙니다. 온 백성이 한 곳을 정하여 살게 하신다는 것은 복입니다.

"전에 내가 사사를 명령하여 내 백성 이스라엘을 다스리던 때와 같지 아니하게 하고 너를 모든 원수에게서 벗어나 편히 쉬게 하리라 …"(11절).

사사 때는 이스라엘이 하나님의 말씀을 안 들으면 하나님께서 이웃의 이방 나라들을 키우셔서 미디안, 블레셋, 모압, 암몬 등으로 이스라엘을 치게 하셨습니다. 그런데 사사시대 때같이 아니하시고 이제는 원수를 다 멸하여 이스라엘이 편히 쉬게 만들어 주겠다고 하셨습니다.

"… 여호와가 또 네게 이르노니 여호와가 너를 위하여 집을 짓고"(11하).

이 말의 의미는 너희 집안에 자녀들이 잘 태어나고 자녀들이 똑똑하고 잘 되어서 너희 집안이 세워진다는 것입니다. 내가 잘되어도 집안이 잘 안 세워지면 문제가 됩니다. 그러나 다윗에게 집이 세워지는 복도 주신다는 것입니다.

"네 수한이 차서 네 조상들과 함께 누울 때에 …"(삼하 7:12상).

다윗이 병들어 죽지 않고, 사고로도 죽지 않고, 전쟁에 나가 죽지도 않고 명대로 수한이 다 차서 죽어 조상들의 묘지에 함께 묻힌다는 뜻입니다. 이것도 복입니다.

> "… 내가 네 몸에서 날 네 씨를 네 뒤에 세워 그의 나라를 견고하
> 게 하리라"(12하).

다윗에게 그 뒤를 이어 왕이 될 사람은 네 자식이고 이 자식이 아
직 태어나지 않았다는 이 말씀에 다윗은 얼마나 안심이 되었겠습니
까? 왕은 언제 다른 사람이 자신을 죽이고 왕이 될 줄 몰라서 늘 불
안해합니다. 그런데 네 아들이 네 뒤를 이어서 왕이 된다는 그 말씀
에 얼마나 안심이 됩니까? 그리고 그 아들이 아직 태어나지도 않았
으니 앞으로 태어나서 자라려면 20~30년 동안 다윗의 왕위는 지속
될 수 있다는 약속의 말씀입니다.

"그의 나라를 견고하게 하리라"는 의미는 무엇입니까? 네 아들
이 왕이 될 때 그 나라를 아주 견고하고 튼튼하게 해 준다는 말씀입
니다. 약속대로 솔로몬 때에 나라가 아주 강해지고 견고해지고 튼
튼해졌습니다. 어느 아버지나 자녀가 잘되어야 복입니다. 내가 아
무리 잘되어도 자녀가 망가지면 아버지는 마음이 아픕니다. 그런데
다윗은 후대에도 나라가 잘되는 복을 받았습니다. 그리고 약속의
말씀대로 솔로몬 때 나라가 견고해졌습니다.

> "그는 내 이름을 위하여 집을 건축할 것이요 나는 그의 나라 왕위
> 를 영원히 견고하게 하리라"(13절).

그리고 그 자식이 성전을 건축한다는 예언을 하십니다. 성전을 건축한다는 말은 지혜가 많고, 재물도 많고, 능력도 많다는 뜻입니다. 그런데 이것은 솔로몬의 나라만을 의미하는 것이 아니고, 영적으로는 하나님의 나라 곧 메시아를 약속하시는 것입니다. 육신으로는 다윗의 후손으로 오는 메시아, 즉 예수님의 나라를 하나님께서 영원히 견고하게 하신다는 뜻입니다.

"나는 그에게 아버지가 되고 그는 내게 아들이 되리니 그가 만일 죄를 범하면 내가 사람의 매와 인생의 채찍으로 징계하려니와 내가 네 앞에서 물러나게 한 사울에게서 내 은총을 빼앗은 것처럼 그에게서 빼앗지는 아니하리라"(14~15절).

하나님은 사울이 잘못할 때 은총을 빼앗으셨습니다. 은총을 빼앗기자 사울은 다윗을 더욱 죽이려고 하고 무당을 찾아가는 등 악한 길로 행합니다. 그래서 사울이 죽던 날 그의 세 아들도 다 죽었습니다. 하나님이 은총을 빼앗자 블레셋과의 전쟁에서 완전히 집안이 망하고 나라가 망하게 된 것입니다.

하나님의 은총이 떠나 사울과 온 가족이 멸망당하였지만, 만약 다윗의 아들 솔로몬이 아무리 잘못해도 하나님이 사울과 같이 은총을

"하나님, 내 집은 깨끗하고 좋은데 하나님이 거하시는 곳은 좀 그러네요. 하나님. 마음이 아픕니다." 하나님이 이 한 마디에 감동을 받으셔서 다윗에게 크나큰 축복을 주셨습니다.

빼앗지 않겠다는 말씀입니다. 아무리 솔로몬이 잘못해도 하나님이 사람의 매와 인생의 채찍으로 교육을 시킬지언정 무너뜨리지 않겠다는 약속의 말씀입니다. 사람의 매와 인생의 채찍으로 징계하겠지만 사울과 같이 절대로 은총을 빼앗지는 않으시겠다는 엄청난 복을 약속하고 계십니다.

이 약속 때문에 솔로몬이 천 명의 부인을 거느리고, 이방신을 섬기고, 잘못된 행동을 많이 했을지라도 하나님이 솔로몬을 끝까지 붙잡으십니다. 솔로몬은 아버지를 잘 만나서 복을 받은 사람입니다.

> "네 집과 네 나라가 내 앞에서 영원히 보전되고 네 왕위가 영원히 견고하리라 하셨다 하라"(삼하 7:16).

다윗의 집안과 그 나라에 엄청난 복을 부어 주실 뿐만 아니라 다윗의 육신의 후손으로 오실 메시아를 약속하시는 말씀입니다. 사람이 어떻게 이런 복을 받을 수 있습니까?

하나님이 다윗에게 감당할 수 없을 정도의 엄청난 복을 주신 이유는 다윗이 마음에서 우러나오는 사랑의 고백에 감동하셨기 때문입니다. 다윗은 하나님을 너무 사랑했기 때문에 사랑의 고백을 했던 것입니다. "하나님, 내 집은 너무 좋은데, 하나님의 집은 장막이네요." 하면서 말입니다. 이것은 하나님을 사랑하지 않으면 할 수 없는 고백입니다.

하나님을 사랑하고 사랑 고백을 해서 하나님을 감동시켜 하나님의 넘치는 복을 받았던 다윗과 같은 인생이 되시기를 축원합니다. "하나님, 내 집은 깨끗하고 좋은데 예배당은 좀 그러네요. 하나님, 마음이 아픕니다" 하고 말했던 다윗처럼 말입니다.

### 하나님의 복을 받는 비결 6

다윗은 하나님을 정말 사랑한 까닭에 마음에서 나오는 진심 어린 말 한 마디를 하게 되었고 그 말 한 마디는 하나님을 감동시켜 드렸습니다. 그래서 자손 대까지 이어지는 복을 받게 되었습니다.

# 복 받는 장소에 있으라

복은 어떤 자리에 임하게 됩니까? 내가 지금 있는 자리는
어떤 곳입니까? 내가 오늘 가기로 한 자리는 어떤 곳입니
까? 복 받는 장소에 있어야 합니다.

한 청년이 집을 가는데 술 취한 아저씨가 가로등 밑에서 무엇인
가를 열심히 찾고 계셨습니다.

"아저씨 무엇을 잃어버리셨어요 ?"

" 응, 넘어지면서 안경이 벗겨졌는데 도저히 못 찾겠네."

앞이 잘 안 보이는 술 취한 아저씨를 도와드리려는 마음에 청년
은 열심히 안경을 찾아보았으나 찾을 수가 없었습니다.

한참 후에 청년이 물었습니다.

"아저씨, 분명히 여기서 잃어버리셨지요?"

"아니, 넘어진 것은 저기 컴컴한 곳인데 어두워서 뭐가 보여야
지. 그래서 환한 가로등 밑으로 왔지 !"

장소가 중요합니다. 어두워도 잃은 장소에서 찾아야 합니다. 그렇습니다. 우리는 하나님의 복을 받는 장소에 있어야 합니다.

## 복 받는 장소에 있어야 하는 이유

"내게 토단을 쌓고 그 위에 네 양과 소로 네 번제와 화목제를 드리라 내가 내 이름을 기념하게 하는 모든 곳에서 네게 임하여 복을 주리라"(출 20:24).

하나님은 흙으로 제단을 쌓고 제물을 드리라고 말씀하십니다. 그러시면서 하나님의 이름을 기념하는 모든 곳에서 하나님께서 친히 임하셔서 거기에 있는 사람들에게 복을 주신다고 약속하십니다. 이것이 복을 받는 아주 간단한 원리입니다.

바둑을 평하는 전문가들은 이런 말을 합니다. 지는 사람은 질 자리에다가 바둑알을 놓고, 이기는 사람은 이길 자리에다가 바둑알을 놓는다는 것입니다. 농담 같지만 사실입니다.

망가지는 젊은 아이들을 보면 친구들과 어울려서 망가지는 장소만 골라 다닙니다. 술 마시고 싸우

> 망가지는 젊은 아이들을 보면 친구들과 어울려서 망가지는 장소만 골라 다닙니다. 술 마시고 싸우는 장소, 시간을 낭비하는 장소, 세상적으로 자극을 받는 장소 등을 전전합니다

는 곳, 시간을 낭비하는 곳, 세상적으로 자극을 받는 장소 등을 전전합니다. 어른도 마찬가지입니다. 망하는 사람은 망하는 장소만 골라 다닙니다. 도박장, 여자 있는 술집, 마약 하는 곳, 퇴폐적인 곳 등, 망하는 장소만 골라 다닙니다. 어떤 사람은 잘못된 장소에 있다가 패가망신하는 사람도 있습니다.

얼마 전 LA에서 한인이 운영하는 창녀집에 있던 사람들을 다 체포한 적이 있습니다. 개인 가정집에서 수십 명을 동시에 체포했습니다. 잡힌 어떤 남자는 "친구가 마사지하는 곳이라고 해서 모르고 따라왔다. 여기가 그런 곳이었냐? 자녀 보기가 부끄럽다"라고 했습니다. 정치가들이 잘못된 현장에 있다가 망신을 당하기도 합니다. 어떤 신인 배우를 강제로 접대하라고 시키고, 뇌물을 받은 현장 말입니다. 무슨 리스트가 나오면 덜덜 떠는 사람들이 있다고 합니다.

건강이 망가지는 사람은 건강에 안 좋은 음식을 잘 먹습니다. 단 것, 기름이 많은 것, 술, 자극성 있는 음식 등을 먹습니다. 또한 건강이 망가지는 장소로만 자신의 몸을 끌고 다니기 때문에 건강이 망가집니다. 그러나 건강한 사람은 건강에 좋은 음식을 먹습니다. 그리고 건강에 좋은 운동과 등산을 하는 장소에 있습니다. 공부를 잘하는 학생들은 공부를 잘하는 친구들과 사귀면서 공부하는 장소에 있습니다. 그러나 공부를 싫어하는 학생들은 공부하지 않는 친구들과 어울리면서 공부하지 않는 장소에만 있습니다.

하나님의 복을 받는 비결도 마찬가지입니다. 하나님의 복을 받는 장소에 가 있으면 됩니다. 하나님은 "내가 내 이름을 기념하게 하는 모든 곳에서 네게 임하여 복을 주리라"고 말씀하십니다. 하나님의 이름을 기념하는 모든 곳은 오늘날 교회, 즉 예배당입니다. 작은 의미로는 교회 건물을 의미하지만, 큰 의미로는 예배가 있는 모든 장소를 의미합니다. 물론 예배를 드리더라도 형식적인 예배가 아닌 하나님께서 받으실 만한 예배가 드려지는 곳이어야 합니다. 별 생각 없이 습관을 따라 형식적으로 드리는 예배나 두 파로 나뉘어서 싸우며 상대방을 미워하는 마음으로 가득 찬 채로 드리는 예배는 진정한 의미에서 하나님에게 드리는 예배라고 말하기는 곤란합니다.

그러면 하나님께서 복을 주신다는 하나님의 이름이 있는 예배가 있는 곳은 구체적으로 어떤 곳입니까?

전심으로 하나님을 찬양하는 곳입니다. 사람들은 의미 없이 찬양을 부르는 경우가 있습니다. 이 경우 찬양을 드린다기보다는 노래를 하는 것입니다. 또한 교만한 마음으로 자기를 나타내며 노래를 하는 사람들도 있습니다. 내가 나타나기를 바라면서 말입니다. 그런 자리는 하나님의 이름이 있는 곳이라고 말하기 어렵습니다.

그리고 인간의 생각이 아닌 하나님의 말씀이 선포되는 곳이 하나님의 이름이 있는 곳입니다. 인간의 생각이 선포되는 설교도 있습니다. 거기도 하나님의 이름이 있는 곳이라고 말하기 어렵습니다. 또한 하나님의 뜻을 따라 간구하는 곳이 하나님의 이름이 있는 곳입니다. 사람의 뜻을 구하는 곳도 많습니다. 이 경우도 하나님의 이름이 있는 곳이라고 말하기 어렵습니다. 또한 하나님의 이름이 전해지는 곳, 전도와 선교의 현장이 하나님께서 복을 주신다는 하나님의 이름이 있는 곳입니다.


### 복 받는 자리

하나님의 이름이 거룩히 여김을 받고 영광을 받으시는 곳,

하나님의 이름으로 헌신과 봉사가 이루어지는 곳,

하나님이 생각나는 곳,

하나님의 사람들이 하나님의 이름으로 모여 있는 곳.

이런 곳에 있는 사람들에게 하나님의 복이 임합니다. 하나님께서 친히 오셔서 복을 부어 주신다고 말씀하십니다. 그래서 복을 받는 자리에 있어야 합니다.


"두세 사람이 내 이름으로 모인 곳에는 나도 그들 중에 있느니라"
(마 18:20).


예수님의 이름으로 모이는 곳이 하나님의 이름이 있는 곳입니다. 복을 받는 사람은 예수님의 이름이 있는 곳에 갑니다.

우리 교회에서 운영하는 3박 4일 프로그램인 "글로리 캠프"라는 모임이 있습니다. "이 캠프에 참석할까 말까 많이 고민하다가 왔는데, 그 결과 내 삶이 바뀌고, 우리 가정이 회복되었습니다. 우리 가정이 지옥 같았는데 이제는 천국같이 되었습니다"라는 간증을 많이

듣습니다. 하나님은 하나님의 이름이 있는 자리에서 사람들에게 복을 주십니다.

물론 하나님은 어디에나 계십니다. 그러므로 우리는 늘 하나님의 임재 가운데 살아야 합니다. 내가 있는 곳을 하나님의 이름이 계시는 곳으로 만들어야 합니다. 그러려면 하나님을 늘 기억하고 하나님의 임재 가운데 살아야 합니다. 그리고 동시에 하나님의 이름이 있는 곳에 가는 것도 매우 중요합니다.

"모이기를 폐하는 어떤 사람들의 습관과 같이 하지 말고 오직 권하여 그 날이 가까움을 볼수록 더욱 그리하자"(히 10:25).

내가 지금 있는 자리는 어떤 곳입니까? 내가 오늘 가기로 한 자리는 어떤 곳입니까? 하나님의 이름이 기념되는 곳에 계셔서 하나님의 복을 받는 자녀가 되시기를 바랍니다.

### 하나님의 복을 받는 비결 7

하나님이 복을 주시는 장소는 하나님께서 받으실 만한 예배가 드려지는 곳, 전심으로 하나님을 찬양하는 찬양이 있는 곳, 하나님의 말씀이 선포되는 곳입니다. 하나님의 뜻을 따라 간구하는 곳, 하나님의 이름이 전해지는 전도와 선교의 현장이 복 받는 자리입니다.

- 말을 바꾸어야 한다 ● 의로운 삶을 살라
- 본을 보이는 부모가 되어라 ● 충성하라
- 헌신하라 ● 예수님이 말씀하신 복이 있는 사람

Part 2

주의 길을
행하는 자가
복이 있다

복 받는 자리 8

# 말을 바꾸어야 한다

> 힘세지도, 빠르지도 않고, 뛰어난 감각기관도 없는 사람에
> 게 동물을 정복하라고 하신 이유는 무엇입니까? 바로 말
> 때문입니다. 말에는 정복할 수 있는 능력이 있습니다.

사람은 하나님의 형상대로 창조되었습니다. 하나님은 천지를 말
씀으로 창조하셨습니다. 사람은 하나님의 형상이기 때문에 사람의
말에는 어마어마한 능력이 있습니다.

하나님은 천지와 모든 동식물을 만드시고 사람에게 정복하고 다
스릴 권세를 주셨습니다. 사람이 힘으로 따지자면 고릴라나 코끼리
보다 약합니다. 뜀뛰기로 말하면 치타, 타조, 말 등이 훨씬 빠릅니
다. 심지어 치타는 달리는 자동차처럼 빨리 뛸 수 있습니다. 사람은
독수리처럼 날지 못합니다. 아무리 수영을 잘해도 물개처럼 할 수
없습니다. 사람이 아무리 나무를 잘 타도 거꾸로 내려오기도 하는
다람쥐같이 잘 탈 수는 없습니다. 사람이 아무리 높이 뛰어도 벼룩

같이 자기 몸의 칠백 배를 뛰지는 못합니다. 뿐만 아니라 동물들에게는 엄청난 감각기관이 있습니다. 연어는 태평양을 한 바퀴 완전히 돌고 자기가 태어난 곳으로 올라갈 수 있습니다. 개는 수백 킬로미터 떨어진 곳에서도 집을 찾아옵니다. 그럼에도 불구하고 하나님은 사람에게 동물을 지배하라고 하셨습니다.


## 말에 힘이 있다

그러면 힘세지도, 빠르지도 않고, 뛰어난 감각기관도 없는 사람에게 동물을 정복하라고 하신 이유는 무엇입니까? 바로 말 때문입니다. 동물에게는 없는 말 하는 능력이 사람에게만 유일하게 있습니다. 말로 정복할 능력이 있다는 것입니다. 말에 능력이 있기 때문에 세상을 정복하고 다스릴 수 있다는 것입니다.

"사람은 입의 열매로 인하여 복록을 누리거니와 …"(잠 13:2상).

사람은 입의 열매로 복을 받습니다. 다시 말해 말 때문에 복을 받고 말 때문에 복을 받지 못합니다.

"사람은 입에서 나오는 열매로 말미암아 배부르게 되나니 곧 그의 입술에서 나는 것으로 말미암아 만족하게 되느니라"(잠 18:20).

"죽고 사는 것이 혀의 힘에 달렸나니"(잠 18:21상).

"사람은 입에서 나오는 열매로 말미암아 배부르게 된다"는 뜻은 무슨 뜻입니까? 우리 인생은 말로 말미암아 열매를 맺어 만족한 삶을 살게 되고, 부요한 삶을 살게 되어 배가 부르게 된다는 뜻입니다. 결국 말로 만족한 삶을 살고 말로 만족하지 못한 삶을 살기도 한다는 뜻입니다.

죽고 사는 것이 혀의 힘에 달려 있다고 합니다. 그래서 말 때문에 병든 사람이 죽기도 하고 살기도 합니다. "혀에 힘이 있다"는 것은 말이 사람을 살리기도 하고 죽이기도 한다는 뜻입니다. 사람이 말 때문에 살고 말 때문에 죽으니 말이 얼마나 중요한 것입니까?

그런데 사람은 죄인이기 때문에 살리는 말을 하기보다는 죽이는 말을 많이 합니다. 말의 힘이 아주 중요한데도 불구하고 사람들은 그것을 잘 깨닫지 못합니다.


## 말하는 대로 되리라

"입술의 열매를 창조하는 자 여호와가 말하노라 먼 데 있는 자에게든지 가까운 데 있는 자에게든지 평강이 있을지어다 평강이 있을지어다 내가 그를 고치리라 하셨느니라"(사 57:19).

하나님은 하나님 자신을 "입술의 열매를 창조하는 여호와"라고 소개하고 있습니다. 하나님은 말한 대로 만들어 주시는 여호와라는 뜻으로, 우리가 말한 대로 이루게 하신다는 의미입니다.

입술의 열매를 그대로 창조하시는 여호와이기 때문에 먼 데 있는 사람에게든지 가까운 데에 있는 사람에게든지 "평강이 있을지어다"라고 말하면 그 사람에게 평강이 임하고 자신에게도 평강이 임한다는 것입니다. 그 사람이 평강이 없을 사람 같지만 네가 그런 말을 하면 내가 그를 고쳐서라도 평강이 있게 해 주시겠다는 뜻입니다.

> "그들에게 이르기를 여호와의 말씀에 내 삶을 두고 맹세하노라 너희 말이 내 귀에 들린 대로 내가 너희에게 행하리니"(민 14:28).

이스라엘 백성이 애굽을 나와 광야를 거쳐서 가나안 바로 앞에까지 왔습니다. 모세는 열두 명의 정탐꾼을 가나안에 들여보냅니다. 그런데 앞으로 살게 될 약속의 땅 가나안을 정탐하고 온 열두 명 가운데 열 명이 부정적인 말을 합니다. "과연 그 땅은 젖과 꿀이 흐르는 좋은 땅입니다. 그러나 그 땅 거주민은 강하고 성읍은 견고하고 심히 큽니다. 거기다 아낙 자손의 후손인 거인들도 보았습니다. 우리는 절대로 그들을 이기지 못합니다. 우리는 스스로 보기에도 메뚜기 같아요. 이제 우리는 절망입니다"라는 보고를 합니다.

반대로 열두 명 가운데 여호수아와 갈렙은 긍정적인 말을 했습니다. "하나님이 함께하시기 때문에 우리가 들어갈 수 있습니다. 저들은 우리의 밥입니다. 우리가 이길 수 있습니다"라는 보고를 합니다.

그런데 이스라엘 백성들은 모두 열 명의 보고를 지지하며 긍정적인 믿음의 보고를 하는 갈렙을 돌로 쳐 죽이려고 합니다.

> "이스라엘 자손이 다 모세와 아론을 원망하며 온 회중이 그들에게 이르되 우리가 애굽 땅에서 죽었거나 이 광야에서 죽었으면 좋았을 것을"(민 14:2).

이것이 이스라엘 백성들의 말이었습니다. "왜 우리를 애굽에서 데리고 왔느냐? 차라리 애굽에서 죽었거나 광야에서 죽었더라면 더 좋았을 텐데…. 이제는 갈 곳도 없고 절망이다"라는 것입니다.

그때 하나님께서 "너희 말이 내 귀에 들린 대로 내가 너희에게 행하리니"라고 말씀하셨습니다. 그 결과 여호수아와 갈렙을 제외한 열 명의 정탐꾼은 가나안에 들어가지 못했습니다. 또한 스무 살 넘은 백성 전체도 다 광야에서 죽었습니다. 오직 여호수아와 갈렙만이 가나안 땅에 들어갔습니다. 자신들이 말한 대로 이루어진 것입니다. 입술의 열매를 창조하는 여호와시기 때문에 말한 대로 이루어졌음을 알 수 있습니다.

### 인생의 성공 열쇠는 혀에 있다
말이 얼마나 중요한 것입니까?

"우리가 말들의 입에 재갈 물리는 것은 우리에게 순종하게 하려고 그 온 몸을 제어하는 것이라 또 배를 보라 그렇게 크고 광풍에 밀려가는 것들을 지극히 작은 키로써 사공의 뜻대로 운행하나니 이와 같이 혀도 작은 지체로되 큰 것을 자랑하도다 보라 얼마나 작은 불이 얼마나 많은 나무를 태우는가"(약 3:3~5).

말(horse)이라는 동물을 순종하게 하려면 그 입에 재갈을 물리면 된다고 합니다. 달리다가 주인이 재갈을 오른쪽으로 당기면 말은 오른쪽으로 틉니다. 양쪽을 잡아당기면 말은 아프기 때문에 섭니다. 말에게 재갈을 물리기만 하면 아무리 크거나 빠르더라도 제어할 수 있다고 합니다.

배의 경우도 마찬가지입니다. 배가 얼마나 큽니까? 그런데 선장이 작은 키 하나로 오른쪽으로 돌리면 배가 오른쪽으로 돌아가고, 왼쪽으로 돌리면 배가 왼쪽으로 돌아갑니다. 배가 아무리 크더라도 키 하나를 가지면 다 제어할 수 있습니다.

이와 같이 사람의 기관 중에서 혀는 작은 지체지만 큰 힘을 가지고 있습니다. 혀를 어떻게 사용하느냐에 따라 사람의 인생이 움직입니다. 혀 때문에 복을 받거나 받지 못하고, 혀 때문에 만족한 삶을 살거나 만족하지 못한 삶을 사는 등 결국 혀를 어떻게 사용하느냐에 인생이 달려 있습니다.

그러므로 인생을 푸는 열쇠는 혀라고 해도 과언이 아닙니다. 혀로 말미암아 내 인생이 오른쪽으로 가고 왼쪽으로 갑니다. 이와 같이 혀는 우리 몸에서 작은 것이지만 큰 것을 자랑한다고 말씀하고 있습니다.

"혀는 곧 불이요 불의의 세계라 혀는 우리 지체 중에서 온 몸을 더럽히고 삶의 수레바퀴를 불사르나니 그 사르는 것이 지옥 불에서 나느니라"(약 3:6).

우리의 문제가 무엇입니까? 우리는 죄인이기 때문에 말을 잘 못한다는 것입니다. 부정적인 말, 복을 받지 못할 말을 하기 때문에 인생이 순탄하지 못하고 가시밭길로 가서 고통과 고난이 있다는 것입니다.

사람은 말 때문에 망합니다. 가정이 깨지는 이유와 건강을 지키지 못하는 것도 말 때문입니다.

"칼로 찌름 같이 함부로 말하는 자가 있거니와 지혜로운 자의 혀는 양약과 같으니라"(잠 12:18).

인생이 왜 꼬이는지 이유를 모른다면 자신이 어떤 말을 많이 하는지 곰곰이 생각해 볼 필요가 있습니다. 말에는 능력과 힘이 있기 때문입니다. 말을 바꾸고 고치면 복을 받게 될 것입니다.

어떤 사람은 말을 할 때에 칼로 찌르는 것과 같이 함부로 말을 해, 듣는 사람뿐만 아니라 말하는 자신에게도 상처를 줍니다. 반대로 지혜로운 사람의 혀는 양약과 같아서 살린다고 했습니다. 지혜로운 사람은 다른 사람을 살리고 말한 자신도 살립니다.

그러면 우리는 어떤 말을 해서는 안 되고, 어떤 말을 해야 합니까? 해서는 안 되는 말은 아래와 같습니다. 복을 받는 말이 초점이기에 이 부분은 간단히 하겠습니다.

원망하는 말을 하면 안 됩니다. "그들 가운데 어떤 사람들이 원망하다가 멸망시키는 자에게 멸망하였나니 너희는 그들과 같이 원망하지 말라"(고전 10:10).

자기 자랑하는 말을 하면 안 됩니다. "너는 내일 일을 자랑하지 말라 하루 동안에 무슨 일이 일어날는지 네가 알 수 없음이니라 타인이 너를 칭찬하게 하고 네 입으로는 하지 말며 외인이 너를 칭찬하게 하고 네 입술로는 하지 말지니라"(잠 27:1-2).

망령된 말(분노의 말)을 하면 안 됩니다. 모든 것을 포기하고 큰 고생을 했던 모세가 말 때문에 가나안을 들어가지 못합니다. "그들이 또 므리바 물에서 여호와를 노하시게 하였으므로 그들 때문에 재난이 모세에게 이르렀나니 이는 그들이 그의 뜻을 거역함으로 말미암아 모세가 그의 입술로 망령되이 말하였음이로다"(시 106:32-33).

무익한 말을 하면 안 됩니다. "내가 너희에게 이르노니 사람이 무슨 무익한 말을 하든지 심판 날에 이에 대하여 심문을 받으리니 네 말로 의롭다 함을 받고 네 말로 정죄함을 받으리라"(마 12:36-7).

음란한 말(누추한 말)도 희롱하는 말도 안 됩니다. "누추함과 어리석은 말이나 희롱의 말이 마땅치 아니하니 오히려 감사하는 말을 하라"(엡 5:4).

더러운 말을 하면 안 됩니다. "무릇 더러운 말은 너희 입 밖에도 내지 말고 오직 덕을 세우는 데 소용되는 대로 선한 말을 하여 듣는 자들에게 은혜를 끼치게 하라"(엡 4:29).

그러면 우리는 어떤 말을 해야 할까요? 우리가 해야 하는 말은 나와 이웃을 살리는 말입니다.


### 칭찬의 말을 하라

첫째, 살리는 말은 칭찬하는 말입니다.

"도가니로 은을, 풀무로 금을, 칭찬으로 사람을 단련하느니라"(잠 27:21).

이 말씀의 원문을 보면 "도가니로 은을, 풀무로 금을, 칭찬으로 사람을"까지만 나옵니다. 단련한다는 말은 원문에는 없는데 설명을 돕기 위해서 쓴 말입니다. 도가니는 풀무보다 조금 작은 것인데, 은이 들어 있는 돌멩이를 캐서 도가니에서 열을 가합니다. 계속 열을 가하다 보면 불순물과 찌꺼기가 빠지고 마지막에는 은이 남습니다. 금을 가려내는 것은 풀무로 합니다. 풀무는 아주 센 불을 말합니다. 은과 마찬가지로 금과 불순물이 섞여 있는 돌을 풀무에 집어넣고 계속 불을 때면 불순물이 빠지고 돌 성분이 빠져 마지막에 금이 남습니다.

사람에게는 장단점이 있습니다. 중요한 것은 단점을 어떻게 없애고 장점을 어떻게 살리느냐는 것입니다. 이 고민의 해결책은 칭찬입니다. 칭찬으로 단점인 불순물이 계속 빠지고, 결정체인 장점이 남게 됩니다. 그 사람의 장점이 극대화되고 귀한 사람이 되느냐는 칭찬에 달려 있습니다. 칭찬할 때 사람은 점점 장점이 살아나기 때문입니다.

## 칭찬의 위력

미국과 한국의 교육에서 칭찬의 차이를 봅니다. 그 칭찬의 차이가 나중에 인격 형성과 성공의 차이로 드러납니다. 미국은 기독교를 바탕으로 세워진 나라여서 그런지 아이들에게 칭찬을 많이 합니다. 그래서 어렸을 때부터 별것도 아닌 일에도 상을 많이 줍니다. 제가 볼 때에 한국 아이들이 미국 아이들보다 훨씬 똑똑합니다. 미국에서 보면 수학과 암기력 시험에서 한국 아이들이 휩씁니다. 그런데 나중에 대학교를 가거나 대학원을 졸업하면 미국 아이들이 더 존귀하게 쓰임 받는 것을 봅니다.

저는 그 원인을 생각해 보았습니다. 바로 '칭찬'이었습니다. 하나님께서 말씀하신 것처럼 미국 교육은 칭찬으로 좋은 사람과 인격을 만들었습니다. 장점을 극대화시켰습니다. 반면 한국 부모님들은 어떻습니까? 잘한 것을 칭찬하기보다 잘 못한 것을 야단치는 경우가 더 많습니다. 옛날과는 달리 요즈음에는 칭찬하는 한국 부모님들 자주 봅니다. 감사한 일입니다.

## 칭찬이란 무엇인가?

좋은 사람과 인격을 만들어서 결국 성공적인 삶을 살게 해 주는 미국의 교육 방식인 칭찬은 과연 무엇입니까? 칭찬은 단점을 말하지 않고 장점을 말해 주는 것입니다. 그 사람의 성격을 칭찬하는 것입니다. 가령 착하다든지, 인내심이 강하다든지, 충성스럽다든지, 온유하다든지 등. 그 사람을 잘 알고 있다면 그의 성격을 칭찬해 보십시오. 또한 그 사람의 재능을 칭찬할 수도 있고, 한 일을 칭찬해 주고, 은사를 칭찬해 주는 것입니다. 은사도 자꾸 칭찬해 주고 격려할 때에 더욱 개발됩니다. 돌고래 조련사에 의하면 칭찬은 물고기도 춤추게 한다고 합니다. 만약 처음 만나서 잘 모르는 사람에게는 외모를 보고 칭찬하면 됩니다. 얼굴이 훤하다든지 풍채가 참 좋다느니 눈매가 꼭 예수님 눈매 같다는 등의 말을 하면 됩니다. 그 사람의 장점을 찾아 칭찬하면 됩니다.

성경에 나오는 칭찬의 위력을 술람미 여인에게서 봅니다. 아가서에서 솔로몬 왕은 술람미 여인을 칭찬합니다. 술람미 여인은 목동이어서 손도 거칠고 얼굴도 시커멓고 옷도 남루합니다. 그런데 솔로몬이 이 술람미 여인을 칭찬합니다.

"내 사랑아 너는 어여쁘고 어여쁘다 네 눈이 비둘기 같구나"(아 1:15), 내 사랑은 가시나무 가운데 백합화 같도다"(아 2:2), "내 사랑 너는 어여쁘고도 어여쁘다 너울 속에 있는 네 눈이 비둘기 같고 네 머리털은 길르앗 산 기슭에 누운 염소떼 같구나"(아 4:1) 하며 술람미 여인을 칭찬합니다.

"네 이는 목욕장에서 나오는 털 깎은 암양 곧 새끼 없는 것은 하나도 없이 각각 쌍태를 낳은 양 같구나"(아 4:2). 이가 새끼를 많이 낳은 양 같다고 했습니다.

"네 입술은 홍색 실 같고 네 입은 어여쁘고 네 너울 속의 네 뺨은 석류 한 쪽 같구나"(아 4:3). 뺨이 석류 한 쪽과 같다고 했습니다.

"네 목은 무기를 두려고 건축한 다윗의 망대 곧 방패 천 개, 용사의 모든 방패가 달린 망대 같고"(아 4:4)라고 칭찬했습니다.

술람미 여인은 그래서 왕의 신부가 되었습니다. 계속 아름답다고 칭찬해 주고 격려하니 아름다운 여인이 되지 않을 수 없었을 것입니다.

### 칭찬이 사람을 만든다

칭찬이 사람을 만들기 때문에 칭찬하는 삶이 얼마나 중요한지 모릅니다. 사람에게 단점을 자꾸 지적한다고 해서 사람이 좋게 바뀌는 것이 아닙니다.

자녀들에게 잘한 것을 꼭 칭찬하십시오. 못한 것을 지적하지 말고 잘한 것을 자꾸 칭찬하면 금같이 보배롭고 빛나는 자녀들로 성장할 것입니다. 부부 사이에서도 마찬가지입니다. 아내는 자꾸 남편을 칭찬해야 합니다. 남편은 자꾸 아내를 칭찬해야 합니다. 계속 칭

> 자녀들에게 잘한 것을 꼭 칭찬하십시오. 못한 것을 지적하지 말고 잘한 것을 자꾸 칭찬하면 금같이 보배롭고 빛나는 자녀들로 성장할 것입니다.

찬해 보십시오. 하나님은 단점을 지적하지 말고 칭찬하면 사람을 살린다고 말씀하십니다.

### 축복의 말을 사용하라

둘째, 살리는 말은 축복의 말을 해 주는 것입니다.

"악을 악으로, 욕을 욕으로 갚지 말고 도리어 복을 빌라 이를 위하여 너희가 부르심을 받았으니 이는 복을 이어받게 하려 하심이라 그러므로 생명을 사랑하고 좋은 날 보기를 원하는 자는 혀를 금하여 악한 말을 그치며 그 입술로 거짓을 말하지 말고"(벧전 3:9~10).

누가 나에게 악하게 말할 때에 우리는 어떻게 해야 합니까? 만약 악으로 갚으면 입술의 열매를 맺기 때문에 나도 망하고 상대방도 망합니다. 그래서 누가 나에게 욕이나 악한 말을 할지라도 도리어 복을 빌어야 합니다. 그러면 그 사람도 변화를 받고 나도 복을 받습니다.

칭찬할 때는 가지고 있는 것이나 행한 것을 말해 주는 것이지만 복을 비는 것은 없는 것을 말해 주는 것입니다. 지금 이 사람에게는 없는 것을 말해 주는 것이 복을 빌어 준다는 의미입니다. 예를 들어 "가장 존귀한 사람이 되어서 우리 교회에서 가상 전도를 많이 하는 사람이 되기를 바랍니다. 이 지역 그리스도인 가운데 제일 십일조를 많이 하시기를 바랍니다"는 말과 같이 축복을 하는 것입니다.

여호와는 우리 입술의 열매를 창조하시는 분이기 때문에 악으로 갚는 말은 절대로 하면 안 됩니다. 그래서 나에게 아무리 섭섭하고 악하게 했을지라도 나는 그 사람의 복을 빌어야 합니다.

"그가 저주하기를 좋아하더니 그것이 자기에게 임하고 축복하기를 기뻐하지 아니하더니 복이 그를 멀리 떠났으며"(시 109:17).

축복을 하지 않으면 복이 떠나고, 저주를 하면 저주가 임합니다. 상대방을 저주하고 축복은 잘 안 하는 인생이 잘될 수가 없습니다. 축복을 하지 않으면 인생이 꼬이고 힘듭니다. 저주하면 말씀 그대로 복은 다 떠나가고 저주가 임합니다.

인생이 왜 꼬이는지 이유를 모른다면 자신이 어떤 말을 많이 하는지 곰곰이 생각해 볼 필요가 있습니다. 왜냐하면 말에는 능력과 힘이 있기 때문입니다. 말을 바꾸고 고치면 복을 받게 될 것입니다.

## 믿음의 말을 하라

셋째, 살리는 말은 믿음의 말을 하는 것입니다.

"여호와께 연합한 이방인은 말하기를 여호와께서 나를 그의 백성 중에서 반드시 갈라내시리라 하지 말며 고자도 말하기를 나는 마른 나무라 하지 말라"(사 56:3).

여호와와 연합한 이방인이 "언젠가는 하나님이 갈라내실 것이
다"라고 말하지 말라는 것입니다. 그리고 아이 못 낳는 고자도 "나
는 마른 나무다"라고 말하지 말라는 것입니다.

이 말씀이 주는 의미가 무엇입니까? 하나님이 계시기 때문에 약
한 사람들은 강하다고 말하라는 것입니다. 돈이 없는 사람도 나는 부
유하다고 말하라는 의미입니다. 왜냐하면 나를 사랑하시는 하나님은
전능하신 분이시고 또 우리가 말한 대로 이루어지기 때문입니다.

긍정적인 말이 생활화되어 있는 미국 사람들의 말을 생각해 보았
습니다. 미국 사람들은 기독교의 영향을 받았기 때문에 비가 오고
있어도 "굿모닝", 즉 좋은 날이라고 인사를 합니다. 헤어질 때도 "굿
바이"라고 하면서 '굿'이란 단어를 굉장히 많이 쓰고 있다는 사실을
알게 됩니다. 미국의 역사가 증거하듯이 '굿'이라고 늘 선포했더니
좋은 삶들이 이루어졌습니다.

한국에서 영어를 처음 배울 때 '왜 비가 오는데 굿모닝이냐' 하고
이해를 못했던 기억이 납니다. 미국 사람들은 비가 오는 날씨와는
상관없이 '굿'을 선포합니다. 그럴 때 나에게 좋은 일이 생기는 것입
니다.

말이 믿음으로 선포될 때 기적이 생깁니다. 믿음으로 아픈 사람
은 아프다고 말하지 마십시오. 어떤 사람은 만날 때마다 어디가 아
프다고 말하는 사람이 있습니다. 그러면 입술의 열매대로 아플 수
있습니다. 반대로 아픈 곳이 있지만 늘 건강을 선포하면 건강하게
살게 될 것입니다. 불경기라고 말하는 사람은 믿음으로 경기가 좋

다고 선포하십시오. 그 입술의 열매대로 이루어 주실 것입니다. 믿음으로 부유하다고 말하면 말한 대로 이루어질 것입니다.

> "나는 너를 애굽 땅에서 인도하여 낸 여호와 네 하나님이니 네 입을 크게 열라 내가 채우리라 하였으나"(시 81:10).

여기서 "네 입을 크게 열라"는 것은 입을 벌리고 다니라는 뜻이 아닙니다. 그 의미는 입을 벌려서 말을 하면 채우신다는 뜻입니다. 예수 안에서 "나는 건강하다. 나는 부유하다"라고 입을 벌리면 하나님이 채워 주십니다. 고자도 나는 마른 나무라고 말하지 말라는 것입니다. 몸이 아파도 아프다고 말하지 말라는 것입니다. 좋은 아침이라고 말하면 정말 좋은 아침이 됩니다.

말로 복을 받습니다. 축복의 말, 칭찬하는 말, 믿음의 말을 하여 주님이 주시는 넘치는 복을 받으십시오. 이 글을 읽으시는 모든 분들을 축복합니다.

> "여호와께서 모세에게 말씀하여 이르시되 아론과 그의 아들들에게 말하여 이르기를 너희는 이스라엘 자손을 위하여 이렇게 축복하여 이르되 여호와는 네게 복을 주시고 너를 지키시기를 원하며 여호와는 그의 얼굴을 네게 비추사 은혜 베푸시기를 원하며 여호와는 그 얼굴을 네게로 향하여 드사 평강 주시기를 원하노라 할지니라 하라 그들은 이같이 내 이름으로 이스라엘 자손에게 축복할

지니 내가 그들에게 복을 주리라"(민 6:22 ~27).

하나님의 복을 받는 비결 8

말이 믿음으로 선포될 때 기적이 생깁니다. 말로 복을 받습니다.
사람을 세워주고 살리는 말을 해야 합니다. 칭찬하는 말, 축복의
말, 믿음의 말을 해서 주님의 넘치는 복을 받으십시오.

# 의로운 삶을 살라

우리는 다 죄인입니다. 그러나 예수님을 믿음으로 죄사함
을 받았습니다. 죄 용서 받은 사람이 의로운 삶을 살 때 하
나님은 복을 주시고 보호하신다고 말씀하십니다.

## 죄인이 의인이 되다

우리는 다 죄인입니다. 죄인으로 태어났기에 죄인이고 또 죄를
지었기에 죄인입니다. 하나님은 우리 인생들을 사랑하시지만 죄 있
는 자를 죄 없다고 하실 수 없는 공의로운 분이십니다. 그래서 예수
님을 이 땅에 보내셨습니다. 이 예수님을 믿고 죄를 용서받은 자가
복이 있다고 성경은 말씀하고 있습니다.

우리를 만드신 예수님은 우리를 대신하여 죽으실 수 있습니다.
많은 사람들이 이 부분을 이해를 잘 못합니다. "예수님이 돌아가신
것이 나의 죄와 무슨 상관이 있는가? 어떻게 예수님께서 나의 죄를
지시고 돌아가실 수가 있는가?" 저도 그 부분이 애매모호했고 그냥

믿으라니까 믿었는데 아주 좋은 예화를 듣고 큰 도움을 받았기에 그 예화를 나누기 원합니다.

오래 전에 중국에서 있었던 이야기입니다.

술 마시고 놀기를 좋아했던 젊은 무리가 있었습니다. 그들은 술을 마신 후에 말을 타고 달리기를 즐겼는데 좁은 길을 달리다 보면 앞에서는 먼지를 일으키고 뒷사람들은 그 먼지를 마시게 됩니다. 뿐만 아니라 넘어지면 크게 다칩니다.

그래서 그들은 흥이 나면 호기를 부리며 가끔 밭 가운데를 달렸습니다. 넓은 밭은 먼지도 잘 안 나고 신나게 달릴 수도 있고 넘어져도 크게 다치지를 않았습니다. 그들은 벼슬아치들의 자제들인지라 농부들은 너무 힘이 들었습니다. 밭이 망가져서 농사가 어려워도 잘못 고발하면 봉변을 당할 수가 있었기 때문입니다.

그런데 한 농부가 참다못해 왕에게 이 사실을 호소하였습니다. 이 말을 듣고 화가 난 왕은 전국에 방을 붙였습니다. "앞으로 술을 마시고 밭에서 말을 타는 자들은 예외 없이 두 눈을 뽑아버리겠다." 이런 명령이 있는데 누가 감히 말을 타고 밭 위를 달리겠습니까? 한참을 조용하게 지나갔습니다.

그런데 어느 날 다시 젊은이들이 술을 마시고는 말을 타고 밭 위를 달리는 것입니다. 농부들이 그늘을 잡고 보니 그들 중에 왕자가 있었습니다. 머지않아 왕이 될 황태자였습니다. 술을 마시다가 취한 그가 "누가 왕이 될 나를 잡아? 말 타고 다 따라와" 하며 젊은이들을 데리고 밭에서 말을 탔던 것입니다. 왕자였지만 왕의 명령인지라, 농부들은 그들을 잡아서 임금에게로 끌고 갔습니다. "임금님, 말을 타고 밭 위를 달리면 두 눈을 뽑으신다고 하셨지요? 여기 그런 자들을 잡아왔습니다." 왕은 화가 났습니다. "내 명령을 무시해? 당장 이 놈들의 두 눈을 다 뽑아라."

명령을 하고 자세히 보니 자기 아들이 그들 중에 있었습니다. 곧 왕이 되어 백성을 다스려야 하는 왕자입니다. 왕은 기가 막혔습니다. 두 눈을 뽑아야 자기가 한 말에 권위가 서고 질서가 잡히겠지만 왕자의 두 눈을 뽑으면 장차 이 나라를 어떻게 다스립니까? 한참을 고민하다가 이렇게 말을 했다고 합니다. "여봐라. 지금은 저 아이가 나와 분리가 되어 있지만 원래 나에게서 나왔다. 그러므로 나와는 떨어져 있으나 사실은 한 몸이다. 그러니 왕자의 눈을 하나 빼고 내 눈을 하나 빼어라." 그래서 왕은 자신의 말을 지켰고 왕자가 후에 정치를 할 수 있게도 하였다고 합니다.

이 말을 들으면서 크게 깨달은 것이 있습니다. 그렇습니다. 예수님은 우리를 만드신 분이시기에 우리를 위하여 대신 죽으실 수도 있다는 것입니다.

"만물이 그로 말미암아 지은 바 되었으니 지은 것이 하나도 그가 없이는 된 것이 없느니라"(요 1:3).

"하나님이 죄를 알지도 못하신 이를 우리를 대신하여 죄로 삼으신 것은 우리로 하여금 그 안에서 하나님의 의가 되게 하려 하심이라"(고후 5:21).

"그리스도께서도 단번에 죄를 위하여 죽으사 의인으로서 불의한 자를 대신하셨으니 이는 우리를 하나님 앞으로 인도하려 하심이라 육체로는 죽임을 당하시고 영으로는 살리심을 받으셨으니"(벧전 3:18).

죄의 값은 사망입니다. 하나님과 분리되는 것이 사망입니다. 죄를 지은 인생은 하나님과 분리되어 영원히 살 수밖에 없습니다. 그곳을 지옥이라고 하는데 지옥에는 고통이 있고 죽을 수도 없고 나올 수도 없고 영원히 사는 곳이라고 주님은 말씀하셨습니다.

이제는 나를 대신하여 죽으신 예수님, 그러나 장사한 지 사흘 만에 부활하신 예수님을 믿기만 하면 즉 영접하기만 하면, 우리는 모든 죄의 용서를 받고 하나님의 자녀가 된다고 하나님은 말씀하십니다.

왜 하나님의 말씀을 믿기만 하면 구원을 받을까요? 그 이유는 첫 번째 사람인 아담과 하와가 하나님의 말씀을 믿지 않고 선악과를 먹음으로 죄인이 된 깃과는 반대로 죄인인 우리는 하나님의 말씀을 믿음으로 하나님에게로 돌아가는 것

> 나를 대신하여 죽으신 예수님. 그러나 장사한 지 사흘 만에 부활하신 예수님을 믿기만 하면, 즉 영접하기만 하면 우리는 모든 죄를 용서 받고 하나님의 자녀가 된다고 하나님은 말씀하십니다.

입니다. 아담과 하와는 하나님의 말씀을 믿지 않아서 죄인이 되고 하나님과 분리가 된 것입니다. 죄인이 아이를 낳으니 그 아이도 죄인입니다. 그러므로 아담과 하와의 후손으로 태어난 우리 인생들은 다 죄인인 것이지요. 그런 우리가 하나님의 말씀을 믿음으로 하나님께로 돌아가는 것입니다. 의인이 되는 것입니다.

하나님의 말씀대로 예수님을 믿어서 죄 용서를 받은 사람, 그 사람이 복이 있다고 성경은 기록하고 있습니다. 지옥에 가지 않기 때문입니다. 하나님의 자녀가 되어 천국에서 영원히 살기 때문입니다. 그러므로 첫째 복은 예수님을 믿어서 의로운 자가 되는 것입니다.

"허물의 사함을 받고 자신의 죄가 가려진 자는 복이 있도다"(시 32:1).

## 죄 용서 받은 하나님의 자녀가 가져야 할 삶의 태도

그러면 나의 죄를 대신하여 죽으시고 부활하신 나의 주님, 나의 구원자이신 예수님을 믿음으로 죄 용서를 받은 하나님의 자녀는 어떤 삶을 살아야겠습니까? 이제는 죄를 멀리하는 거룩한 삶을 사는 것입니다. 그것이 또한 복입니다.

"여호와께서 보시기에 정직하고 선량한 일을 행하라 그리하면 네가 복을 받고 그 땅에 들어가서 여호와께서 모든 대적을 네 앞에

서 쫓아내시겠다고 네 조상들에게 맹세하신 아름다운 땅을 차지
하리니 여호와의 말씀과 같으니라"(신 6:18~19).

이 말씀에서 하나님 보시기에 정직한 것, 그리고 선량한 일은 의
로운 삶을 의미합니다. 죄를 멀리하며 주님을 닮아 가는 삶입니다.
그러면 하나님께서 예비하신 가나안 땅을 차지하고 누리며 산다고
약속하십니다. 우리의 대적을 하나님께서 친히 쫓아주시고 아름다
운 땅을 차지하게 하신다고 말씀하십니다. 모든 문제는 죄에서 왔
습니다. 그리고 모든 문제는 지금도 여전히 죄에서 오고 있습니다.
죄를 멀리하는 의로운 삶이 복된 삶인 것입니다.

"여호와여 주는 의인에게 복을 주시고 방패로 함 같이 은혜로 그
를 호위하시리이다"(시 5:12).

죄를 용서받은 사람이 의로운 삶을 살 때 하나님은 복을 주시고
보호하신다고 말씀하십니다.

"여호와의 산에 오를 자가 누구며 그의 거룩한 곳에 설 자가 누구
인가 곧 손이 깨끗하며 마음이 청결하며 뜻을 허탄한 데에 두지
아니하며 거짓 맹세하지 아니하는 자로다 그는 여호와께 복을 받
고 구원의 하나님께 의를 얻으리니 이는 여호와를 찾는 족속이요
야곱의 하나님의 얼굴을 구하는 자로다"(시 24:3~6).

여호와의 산에 오를 수 있는 사람, 즉 하나님의 음성을 듣고 하나님과 교제를 할 수 있는 사람은 의로운 삶을 사는 사람이라고 말씀하십니다. 그 사람이 복을 받는다고 말씀하십니다. 사람이 의로울 수 있는 길은 하나님을 찾는 것입니다. 하나님을 구하여 예배를 드리는 것입니다. 하나님을 믿는 것입니다. 그것이 바로 의로운 삶입니다.

## 의인이 누릴 축복

"내가 어려서부터 늙기까지 의인이 버림을 당하거나 그의 자손이 걸식함을 보지 못하였도다 그는 종일토록 은혜를 베풀고 꾸어 주니 그의 자손이 복을 받는도다"(시 37:25~26).

의인은 하나님의 복을 받고 그의 자손도 복을 받는다고 말씀하십니다. 시편 128편은 말합니다.

"여호와를 경외하며 그의 길을 걷는 자마다 복이 있도다 네가 네 손이 수고한 대로 먹을 것이라 네가 복되고 형통하리로다 네 집 안방에 있는 네 아내는 결

죄 용서를 받은 하나님의 자녀는 죄를 멀리하는 거룩한 삶을 살아야 합니다. 그것이 또한 복입니다.

실한 포도나무 같으며 네 식탁에 둘러 앉은 자식들은 어린 감람나무 같으리로다 여호와를 경외하는 자는 이같이 복을 얻으리로다 여호와께서 시온에서 네게 복을 주실지어다 너는 평생에 예루살렘의 번영을 보며 네 자식의 자식을 볼지어다 이스라엘에게 평강이 있을지로다"(시 128:1~6).

의로운 길을 걷는 사람은 손이 수고한 것을 먹는 복을 받고, 형통하며, 아내가 복되고, 자녀가 복을 받는 등 가정이 복을 받는다고 말씀하십니다. 건강하고, 장수하며, 하나님 나라가 번영하는 것을 보는 복을 받으리라고 말씀하십니다. 하나님을 경외하는 것이 의로운 삶입니다.

"악인의 집에는 여호와의 저주가 있거니와 의인의 집에는 복이 있느니라"(잠 3:33).

"의인의 머리에는 복이 임하나 악인의 입은 독을 머금었느니라"(잠 10:6).

"안식일을 지켜 더럽히지 아니하며 그의 손을 금하여 모든 악을 행하지 아니하여야 하나니 이와 같이 하는 사람, 이와 같이 굳게 잡는 사람은 복이 있느니라"(사 56:2).

의인은 예수님을 믿음으로 죄 용서를 받은 사람입니다. 이런 사람이 복이 있습니다. 의인은 죄를 멀리하며 말씀대로 하나님의 뜻을 따라 살려고 애를 쓰는 사람입니다. 그런 사람은 자신이, 가정이, 자녀가, 그 환경이, 그가 하는 생각들이, 그가 하는 일들이 복을 받는다고 성경은 말씀하고 있습니다. 이 복을 누리기를 바랍니다.

## 하나님의 복을 받는 비결 9

모든 인생은 죄인입니다. 예수님을 믿음으로 죄를 용서받을 수 있습니다. 죄 용서를 받은 하나님의 자녀는 죄를 멀리하는 거룩한 삶을 살아야 합니다. 하나님을 찾아야 합니다. 하나님을 믿고 예배해야 합니다. 그것이 또한 복입니다.

복 받는 자리 10

# 본을 보이는 부모가 되어라

바울과 다윗처럼 "나를 본받으라"고 당당히 말할 수 있는
부모, 에녹처럼 하나님과 동행하는 삶을 살고 있는 부모에
게서 자라는 자녀는 복된 자녀들입니다.

"마땅히 행할 길을 아이에게 가르치라 그리하면 늙어도 그것을 떠
나지 아니하리라"(잠 22:6).

우리 속담에 "세 살 버릇이 여든까지 간다"는 말이 있습니다. 그
말은 틀림없습니다. 버릇은 제2의 천성이기 때문입니다. 어렸을 때
의 버릇이 늙어서도 여전한 경우를 많이 봅니다. 그래서 아이들을
잘 가르쳐야 합니다.

또한 이이들이 질 배워야 가정이 복되고 평안합니다. 버릇을 잘
못 들인 자녀는 정말 모든 사람에게 고통거리가 아닐 수 없습니다.
부모뿐 아니라 아이 자신도 고통스럽고 심지어 지역사회에도 고통

을 줍니다.

성경은 마땅히 행할 길을 아이에게 가르치라고 말하고 있습니다. 나중에 가르친다고 하거나, 좀 더 크면 가르치지 하다가 때를 놓쳐 버리고 맙니다.

육신의 부모만 아이에게 영향을 미치는 것이 아닙니다. 아이들은 큰아버지, 작은아버지를 보면서 영향을 받습니다. 삼촌, 외삼촌, 숙모, 외숙모, 이모, 고모, 고모부, 이모부들을 보면서 영향을 받습니다. 형, 누나, 오빠, 언니들을 보면서 영향을 받습니다. 이렇게 영향을 주는 우리는 어떻게 아이들을 가르쳐야 합니까?

### 어른의 행동에 영향을 받는 자녀들

첫째, 말씀을 가르쳐야 합니다.

아이들에게 가르쳐야 할 마땅히 행할 길이란 하나님의 말씀을 표준으로 삼아 행동하는 것을 의미합니다. 그래서 우리는 자녀에게 말씀을 가르쳐야 합니다.

"또 그것을 너희의 자녀에게 가르치며 집에 앉아 있을 때에든지, 길을 갈 때에든지, 누워 있을 때에든지, 일어날 때에든지 이 말씀을 강론하고 또 네 집 문

성경은 마땅히 행할 길을 아이에게 가르치라고 말하고 있습니다. 아이들에게 나중에 가르쳐야지 한다거나, 좀 더 크면 가르쳐야지 하다가 때를 놓치는 경우가 많습니다.

설주와 바깥 문에 기록하라 그리하면 여호와께서 너희 조상들에게 주리라고 맹세하신 땅에서 너희의 날과 너희의 자녀의 날이 많아서 하늘이 땅을 덮는 날과 같으리라"(신 11:19~21).

너희는 말씀을 너희 자녀에게 가르치되 집에 앉아 있을 때에 가르치라고 합니다. '앉아 있을 때'란 쉬는 시간을 말합니다. '길을 갈 때'란 일을 하러 가거나 일하러 갔다가 돌아올 때를 말합니다. '누워 있을 때'란 잠잘 때나 아플 때를 말합니다. 아침에 일어날 때에도 가르치라고 했습니다. 다시 말해서 하루 종일 가르치라는 말씀입니다. 또한 하루 종일 말씀을 강론해 주고 문설주나 바깥 문에다가 말씀을 붙이라고 하십니다. 문기둥에 말씀을 붙여 놓고 드나들 때마다 보고, 바깥 문에는 사람들이 지나가다가 보도록 붙이라는 뜻입니다. 얼마나 말씀이 중요하면 문설주를 드나들면서 자녀들이 보게 하고, 바깥 문에 붙여 지나가는 사람들이 보도록 했겠습니까?

말씀을 가르치면 네 자녀가 잘되고, 복을 받고, 약속을 다 받아 누리고, 많은 날을 명대로 살게 되는 등 하나님의 은총 가운데 살게 된다고 약속하셨습니다.

둘째, 가정예배를 드려야 합니다.

어렸을 때부터 예배를 드려야 합니다. 예배드리는 시간을 정해 놓고 그 시간에 잠언 말씀을 읽으면 아이들에게 하고 싶은 말이 다 나옵니다. "게으르지 마라. 정리정돈 잘하라. 시간을 잘 지키라. 거짓말하지 마라" 등 부모가 자녀에게 하고 싶은 말이 다 나옵니다.

같은 말도 그냥 일상생활에서 아이들에게 하면 잔소리로 들릴 수 있지만 예배를 통하면 하나님의 음성으로 들리기 때문에 더 효과적입니다. 가정예배는 반드시 어렸을 때부터 해야 합니다. 다 큰 다음에 드리려고 하면 잘 안 됩니다. 그리고 자녀뿐 아니라 조카들이 집에 왔을 때도 예배를 같이 드리고, 말씀을 나누어 보십시오.

### 본을 보여주신 예수님

그런데 말씀을 가르치는 것보다 더 중요한 것이 있습니다. 바로 본을 보이는 삶입니다.

"내가 너희에게 행한 것 같이 너희도 행하게 하려 하여 본을 보였노라"(요 13:15).

예수님은 제자들에게 말씀만 가르치지 않고 제자들도 행하게 하려고 본을 보이셨다고 말씀하셨습니다. 예수님은 기도, 전도, 예배, 사랑, 그리고 섬김의 본을 보이셨습니다.

예수님은 유월절 잔치에서 성찬식을 거행하셨습니다. 성찬식을 한 후에 예수님이 밖에 나가셔서 대야에 물을 떠 가지고 오셔서 제자들의 발을 씻으셨습니다. 그러자 제자들이 놀라서 안 된다고 합니다. 예수님은 내가 너희들의 발을 씻어야 한다고 하십니다. 내가 발을 씻어 주지 않으면 너희와 나와 상관이 없다고 말씀하시며 제자들의 발을 씻어 주셨습니다. 그리고 "내가 한 것처럼 너희도 서로 그렇게 행하라" 하고 말씀하셨습니다. 예수님처럼 본을 보이는 것이 매우 중요합니다.

옛날에 어머니에게 듣던 말씀 중에 좋은 교훈으로 아직도 기억하는 이야기가 있습니다. 엄마 게가 옆으로 걸어가면서 자녀들에게 너희는 똑바로 앞으로 걸어가라고 말했답니다. 아기 게는 엄마를 보고서 또 옆으로 따라갑니다. 아무리 너희는 옆으로 걷지 말고 앞으로 걸으라고 해도 아기 게는 옆으로 따라갈 수밖에 없다는 이야기입니다. 그 때는 웃었지만 지금은 아주 의미 있는 이야기라고 생각합니다.

사람들에게 참 무서운 것이 있습니다. 바로 집안 내력이라는 것이 있어서 그 내력을 따라간다는 것입니다. 가령 술을 많이 마시고 집안을 때려 부수고 폭행을 하는 아버지가 있다고 합시다. 그러면 자녀는 폭력에 넌더리가 나게 마련입니다. 술 드시고 오시면 얻어맞고, 살림과 텔레비전을 다 때려 부수기 때문에 정말 지겹습니다. 그런데 그 자녀가 커서 술을 마시며 아버지와 똑같은 행동을 한다는 것입니다. 바로 흉을 보면서 그 행동을 배웠기 때문입니다.

다윗 왕국이 솔로몬 왕 이후 이스라엘과 유다, 두 나라로 나뉘었습니다. 북 왕국 이스라엘에는 왕

> 아이들에게 가르쳐야 할 마땅히 행할 길이란 하나님의 말씀을 표준으로 삼아 행동하는 것을 의미합니다. 그래서 우리는 자녀에게 말씀을 가르쳐야 합니다. 어렸을 때부터 예배를 드려야 합니다.

이 19명이 있었습니다. 그런데 성경에는 19명 가운데는 훌륭한 왕은 한 명도 없었다고 기록하고 있습니다. 그 부분을 기록한 성경에 계속 나오는 말이 있습니다. 바로 "아비를 본받아"라는 말씀입니다. "아비를 본받아 하나님 보시기에 정직하게 행하지 아니하였더라"라든지, "아비를 본받아 하나님 앞에 악을 행하였더라"는 말씀입니다.

자녀들은 알게 모르게 아비를 본받고, 직원들은 알게 모르게 사장을 본받고, 백성들은 알게 모르게 지도자를 닮아 가게 됩니다. 왜냐하면 다 보고 배우며 따라가기 때문입니다. 본받을 만한 부모님을 만나는 것은 자녀들에게는 복입니다.


## 나를 본받으라고 당당히 말한 바울

성경에 나온 인물 중에서도 "나를 본받으라"고 당당히 말하는 사람을 만날 수 있습니다. 바로 사도 바울입니다.

"내가 그리스도를 본받는 자가 된 것 같이 너희는 나를 본받는 자가 되라"(고전 11:1).

이 말씀은 내가 예수님을 닮아 가려고 애를 쓴 것과 같이 너희들도 나를 본받는 사람이 되라는 것입니다. 바울은 당당하게 자기의 후배들과 영적인 아들과 성도들에게 이 말을 할 수 있었습니다. "여러분은 저를 본받으세요. 제가 주님을 본받으려고 애쓴 것처럼 저를 본받으십시오.그리하여 주님을 닮아 가세요"라고 말입니다. 이런 말을 할 수 있는 부모를 만난 자녀는 복된 자녀입니다.

## 다윗의 유언

"내 아들 솔로몬아 너는 네 아버지의 하나님을 알고 온전한 마음과 기쁜 뜻으로 섬길지어다 여호와께서는 모든 마음을 감찰하사모든 의도를 아시나니 네가 만일 그를 찾으면 만날 것이요 만일네가 그를 버리면 그가 너를 영원히 버리시리라"(대상 28:9).

다윗은 늙어 죽으면서 왕이 된 아들에게 유언을 합니다. 바로 "내아들 솔로몬 왕아, 너는 네 아버지의 하나님을 알라"는 것입니다. 다윗도 삶 가운데 실수한 적이 있었습니다. 그러나 잘못한 것을 철저하게 회개했을 때 하나님이 용서하셨고 복을 부어 주셨습니다.
"네 아버지의 하나님을 알라"는 무슨 말입니까?
"내가 하나님을 겪어보니까 네가 하나님을 버리면 하나님도 너를 버리신다. 그러나 네가 하나님께 나아가기만 하면 하나님은 너를 만나 주시고 너에게 엄청난 복으로 함께하신다"는 말입니다.
우리도 늙어서 자녀들에게 이런 유언을 할 수 있어야 합니다.
"네 아버지의 하나님을 알아라. 네 어머니의 하나님을 알아라"고말입니다. 자녀에게 "나의 하나님을 알라. 내가 경험한 하나님을 알라"고 유언할 수 있어야 합니다. 그런 부모를 만난 자녀는 복된 자녀들입니다.


## 아이들에게 줄 수 있는 가장 큰 선물은 부모의 본이다

아이들에게 가장 큰 선물이 무엇이라고 생각하십니까? 자동차를 사 주는 것입니까? 과외공부를 시켜서 좋은 대학에 보내는 것입니까? 아니면 키 크는 약을 먹여서 키 크게 하는 것입니까? 아닙니다.

자녀에게 주는 가장 큰 선물은 부모가 본을 보이는 것입니다. 부모가 본을 보이는 삶을 사는 것이 아이들에게는 가장 큰 선물이 됩니다. 부모가 아름다운 본을 보인 자녀들은 탈선을 하더라도 본 것이 있기 때문에 언젠가 돌아옵니다. 그래서 부모가 본을 보이는 것이 아주 중요합니다. 그런 부모를 만난 자녀는 복된 자녀들입니다. 성경은 부모를 공경하면 이 땅에서 잘되고 장수하는 복을 받는다고 말씀하십니다. 본을 보이는 부모를 공경하기는 쉽습니다. 그러니 자식도 복을 받습니다. 본을 보이지 않는 부모는 자식이 공경하기 어렵습니다. 그러므로 본인도 자녀도 복을 받기 힘들게 됩니다.


## 부모로서 본을 보였던 에녹

에녹은 자녀에게 본을 보이는 삶을 살았습니다.

"에녹은 육십오 세에 므두셀라를 낳았고 므두셀라를 낳은 후 삼백

년을 하나님과 동행하며 자녀들을 낳았으며 그는 삼백육십오 세를 살았더라 에녹이 하나님과 동행하더니 하나님이 그를 데려가시므로 세상에 있지 아니하였더라"(창 5:21~24).

에녹이 살던 시대는 홍수가 있기 전입니다. 홍수가 있기 전에는 지구 환경이 너무 좋았습니다. 공기도 너무 좋고 하나님이 창조하신 지구는 아름답고 건강에 정말 좋았습니다. 물이 지구를 덮고 있어서 자외선이 들어오지 못하고, 나쁜 빛이 들어오지 못해 온실과 같았습니다. 비도 오지 않고 너무 좋았습니다. 그래서 그때 사람들은 900세까지 살았습니다.

에녹은 65세에 므두셀라를 낳았습니다. 그리고 므두셀라를 낳은 다음에 300년을 하나님과 동행했다고 성경은 기록하고 있습니다. 므두셀라를 낳기 전에는 하나님과 동행했다는 기록이 없습니다. 분명히 므두셀라를 낳은 다음에 하나님과 동행하는 삶을 살았다고 기록하고 있습니다.

에녹은 자녀를 낳고 왜 하나님과 300년 동안 동행하는 삶을 살았겠습니까? 에녹은 '자녀는 가르치는 대로 가지 않는다'는 것을 깨달았습니다. 예를 들어 아무리 공부하라고 이야기를 해도 부모가 비디오를 보면 자녀는 영화 보고 앉아있습니다. 엄마는 열심히 드라마

> 말씀을 가르치는 것보다 더 중요한 것이 있습니다. 바로 본을 보이는 삶입니다. 본을 보이는 부모를 만난 자녀는 복 된 자녀들입니다.

를 처음부터 마지막까지 다 보면서 "너는 공부하라"고 하면 안 되기 때문입니다.

에녹은 '자녀를 키울 수 있는 가장 좋은 길은 본을 보이는 길이다. 다른 방법이 없다'는 것을 깨달았습니다. 부모가 가르치는 대로만 된다면 세상에 성공 못할 자녀가 어디 있겠습니까? 또한 가르치는 대로만 된다면 망가지고, 실패할 자녀가 어디 있겠습니까?

여기서 중요한 법칙이 있는데 바로 자녀들은 가르치는 대로 되는 것이 아니라 본을 보이는 대로 배운다는 것입니다.

에녹은 이 점을 깨달았기 때문에 므두셀라를 낳은 후에 300년 동안을 하나님과 동행했습니다. 에녹은 300년을 늘 하나님을 모시고 살면서 하나님께 기도하고, 하나님을 찬양하고 경배하며, 하나님과 대화하며 살았습니다. 하나님이 인격체시니까 하나님과 그렇게 계속 동행하며 자녀를 낳았습니다. 그리고 365세를 향수하다가 하나님이 그를 데리고 가십니다. "에녹이 하나님과 동행하더니 하나님이 그를 데려가시므로 세상에 있지 아니하였더라"(창 5:24)고 말씀하고 있습니다. 이런 부모를 만난 자녀는 복된 자녀들입니다.


## 노아가 하나님의 말씀에 순종할 수 있었던 까닭

죽음을 맛보지 않고 천국에 간 아버지 에녹의 아들은 므두셀라입니다. 에녹의 아들 므두셀라는 아버지의 좋은 모습, 즉 하나님과 동행하는 모습 등 너무 귀한 모습을 보았습니다. 아버지의 신앙과 대화를 통해 좋은 것을 배웁니다. 그리고 그의 아들 라멕에게 배운 것을 전해 줍니다. 라멕은 또 아버지에게서 좋은 것을 배웁니다. 그리고 라멕이 그 유명한 노아를 낳습니다. 노아는 좋은 아버지였던 라멕에게서, 좋은 할아버지였던 므두셀라에게서, 하나님과 동행했던 증조할아버지 에녹의 신앙을 전수받았습니다.

좋은 본을 본 노아는 어떤 신앙을 소유하고 있습니까? 아무도 하나님을 경외하지 않고, 모든 사람들이 죄를 아주 심하게 짓고 있었던 그 당시에 노아는 의인이었다고 성경은 기록하고 있습니다. 비를 본 적이 없는 노아는 하나님께서 비가 온다고 말씀하실 때에 하나님 말씀에 순종함으로 방주를 지었습니다. 비를 본 적도 없는데 노아가 방주를 지으니 사람들의 비웃음거리가 되었습니다. 그런데 노아는 계속 의를 선포하고, 하나님을 믿으라고 선포했습니다.

노아는 어떻게 이런 믿음을 소유할 수 있었겠습니까? 바로 본을 보이던 너무도 귀한 믿음의 선친들을 두었기 때문이라고 생각합니다.


### 심은 대로 거두리라

우리는 본을 보인 것을 자녀들의 대에서 거두게 됩니다. 이것이 심은 대로 거둔다는 말씀입니다. 우리는 자녀들과 후손들과 집안에 있는 모든 아이들에게 그리고 지역사회와 교회에서 본을 보인 대로 거두게 될 것입니다.

"스스로 속이지 말라 하나님은 업신여김을 받지 아니하시나니 사람이 무엇으로 심든지 그대로 거두리라"(갈 6:7).

본을 보이는 삶은 후손들에게 좋습니다. 내 환경 가운데 있는 사람들에게도 유익합니다. 그러나 정말 좋은 것은 나 자신입니다. 본을 보이는 삶은 건전하고, 건강하고, 주님을 닮아 가고, 하나님의 뜻이 이루어지는 삶이기 때문입니다. 그리고 이 삶이 하나님께 영광을 돌려드리는 삶입니다. 나뿐만 아니라 자녀들과 이웃에게도 좋습니다. 그것이 복된 삶이요 복을 받는 삶입니다. 이 복이 넘치기를 바랍니다.

## 하나님의 복을 받는 비결 10

노아는 좋은 아버지였던 라멕, 좋은 할아버지였던 므두셀라에게서 믿음의 본을 보여준 증조할아버지 에녹의 신앙을 전수받았습니다. 아이들에게 줄 수 있는 가장 큰 선물은 부모의 본을 보이는 것입니다. 자신의 신앙을 본받으라고 유언할 수 있는 부모를 만난 자녀는 복된 자녀들입니다.

# 충성하라

세상 사람들은 출발과 배경을 중히 여기지만, 하나님의 나라에서는 충성하는 사람을 찾고 있습니다. 하나님의 마음을 시원하게 할 사람을 찾고 계십니다.

"충성된 자는 복이 많아도 속히 부하고자 하는 자는 형벌을 면하지 못하리라"(잠 28:20).

하나님은 충성하는 사람이 복이 많다고 말씀하십니다. 그러면 '충성하는 사람'이란 어떤 사람입니까? 충성하는 사람은 한 번 맡으면 끝까지 책임을 지는 사람입니다. 충성하는 사람은 누가 보지 않아도 성실하게 일을 하는 사람인데, 아무리 불경기라도 해고를 당하지 않습니다. 사장은 충성하는 사람을 찾고 있습니다. 충성하는 사람은 말단으로 들어가서 사장이 됩니다. 우리는 주변에서 기업가가 자녀에게 사업을 물려주기보다 충성하는 직원에게 물려주는 이야기를 간간이 듣습니다.

"슬기로운 종은 부끄러운 짓을 하는 주인의 아들을 다스리겠고 또 형제들 중에서 유업을 나누어 얻으리라"(잠 17:2).

세상 사람들은 출발과 배경을 중히 여깁니다. 부모를 잘못 만나서 안된다는 것입니다. 배경이 없어서 힘들다는 것입니다. 그러나 성경은 너의 충성이 더 중요하다고 말씀하십니다. 슬기로운 종은 오히려 주인의 아들을 다스리며 유업을 나누어 얻는다고 말씀하십니다. 하나님 나라에서도 충성하는 사람을 찾고 있습니다. 충성하는 사람이 복을 받고 쓰임을 받습니다.

"내 종 모세와는 그렇지 아니하니 그는 내 온 집에 충성함이라"(민 12:7).

하나님께서 놀랍게 사용하셨던 모세는 충성하는 사람이었고, 이방인이었던 갈렙도 충성하는 사람이었습니다. 그래서 갈렙은 이방인이었지만 당당하게 가나안에 들어가 그 땅을 차지하여 약속의 기업을 받았습니다.

"헤브론이 그니스 사람 여분네의 아들 갈렙의 기업이 되어 오늘까지 이르렀으니 이는 그가 이스라엘의 하나님 여호와를 온전히 좇

았음이라"(수 14:14).

아브라함도 충성하는 사람이었기 때문에 그 후손들이 복을 받게 되었습니다.

"그(아브라함)의 마음이 주 앞에서 충성됨을 보시고 그와 더불어 언약을 세우사 가나안 족속과 헷 족속과 아모리 족속과 브리스 족속과 여부스 족속과 기르가스 족속의 땅을 그의 씨에게 주리라 하시더니 그 말씀대로 이루셨사오매 주는 의로우심이로소이다"(느 9:8).

남의 나라에서 왕과 나라가 바뀌는 중에도 계속하여 국무총리로 일을 했던 다니엘도 충성하는 사람이었습니다.

"이에 총리들과 고관들이 국사에 대하여 다니엘을 고발할 근거를 찾고자 하였으나 아무 근거, 아무 허물도 찾지 못하였으니 이는 그가 충성되어 아무 그릇됨도 없고 아무 허물도 없음이었더라"(단 6:4).

정치라는 것이 참으로 어려운 일이기 때문에 정치하는 사람들의 허물을 찾기는 아주 쉽습니다. 상황이 자주 바뀌고, 권모술수가 날뛰고 있는 곳입니다. 유혹도 많습니다. 그러니 진실하게 살기가 힘듭니다. 그러나 남의 나라에서 왕이 연달아 바뀌는 중에 계속하여 국무총리로 일을 했던 다니엘은 충성하는 사람이었기 때문에 사람들은 그의 허물을 찾지 못했다고 성경은 기록하고 있습니다.

"충성된 사자는 그를 보낸 이에게 마치 추수하는 날에 얼음 냉수 같아서 능히 그 주인의 마음을 시원하게 하느니라"(잠 25:13).

"충성되고 지혜 있는 종이 되어 주인에게 그 집 사람들을 맡아 때를 따라 양식을 나눠 줄 자가 누구냐"(마 24:45).

하나님은 충성하는 사람을 찾고 계십니다. 그가 하나님의 마음을 시원하게 해 드린다고 말씀하십니다. 그리고 충성하는 사람에게 사명을 맡기라고 말씀하십니다.

"또 네가 많은 증인 앞에서 내게 들은 바를 충성된 사람들에게 부탁하라 그들이 또 다른 사람들을 가르칠 수 있으리라"(딤후 2:2).

"지극히 작은 것에 충성된 자는 큰 것에도 충성되고 지극히 작은 것에 불의한 자는 큰 것에도 불의하니라 너희가 만일 불의한 재물에도 충성하지 아니하면 누가 참된 것으로 너희에게 맡기겠느냐 너희가 만일 남의 것에 충성하지 아니하면 누가 너희의 것을 너희에게 주겠느냐"(눅 16:10~12).

어떤 사람은 작은 일을 무시하고 큰 것만 찾는데, 충성하는 사람은 작은 것에도 충성합니다. 남의(하나님께서 맡기신) 재물에도 충성합니다. 하나님은 충성하는 사람에게 큰 것을 맡기시고 참된 것을 맡기십니다. 참된 것이란 우리가 해야 할 사명입니다. 하나님의 일이고, 예수님의 의입니다. 영혼입니다. 우리가 사명을 감당하기 위하여 꼭 필요한 은사와 재능 그리고 재물도 주십니다. 영혼과 사명을 맡기십니다. 그리고 교회의 직분도 충성하는 사람에게 맡기라고 하십니다.

성경이 말하는 집사의 조건입니다. 모든 일에 충성된 자를 교회 직분자로 세우라고 하십니다.

"여자들도 이와 같이 정숙하고 모함하지 아니하며 절제하며 모든 일에 충성된 자라야 할지니라"(딤전 3:11).

"그리고 맡은 자들에게 구할 것은 충성이니라"(고전 4:2).

> 충성하는 사람은 작은 것에도 충성합니다. 하나님께서 맡기신 재물에도 충성합니다. 하나님은 충성하는 사람에게 큰 것을 맡기시고 참된 것을 맡기십니다. 참된 것이란 우리가 해야 할 사명입니다.

직분을 맡기나 사명을 맡기나 사역을 맡기나 영혼을 맡은 자들은 충성된 마음을 구하여 충성되게 모든 것을 감당해야 한다고 말씀하십니다.

"너는 장차 받을 고난을 두려워하지 말라 볼지어다 마귀가 장차 너희 가운데에서 몇 사람을 옥에 던져 시험을 받게 하리니 너희가 십 일 동안 환난을 받으리라 네가 죽도록 충성하라 그리하면 내가 생명의 관을 네게 주리라"(계 2:10).

사명을 감당하는 중에 고난이 올지라도 죽도록 충성하라고 말씀하십니다. 그러면 생명의 면류관을 받습니다.

"그 주인이 이르되 잘하였도다 착하고 충성된 종아 네가 적은 일에 충성하였으매 내가 많은 것을 네게 맡기리니 네 주인의 즐거움에 참여할지어다 하고"(마 25:21).

충성스러운 종은 상급을 받습니다. 주인의 잔칫상에 참여하는 영광을 누립니다.

"또 충성된 증인으로 죽은 자들 가운데에서 먼저 나시고 땅의 임금들의 머리가 되신 예수 그리스도로 말미암아 은혜와 평강이 너희에게 있기를 원하노라 "(계 1:5).

"라오디게아 교회의 사자에게 편지하라 아멘이시요 충성되고 참된 증인이시요 하나님의 창조의 근본이신 이가 이르시되"(계 3:14).

예수님은 하나님 아버지에게 충성한 분이십니다. 그래서 주님을 닮아 가야 하는 우리도 충성하는 사람이 되어야 합니다.

목회자로서 성도들을 볼 때 직분을 맡으면 충성스럽게 감당하는 분들이 계십니다. 맡은 일뿐만 아니라 그 이상으로 누가 안 보더라도 묵묵히 해냅니다. 우리 교회 역사가 10년인데 노숙자 선교를 맡아 10년을 하루같이 봉사하는 성도, 교회 청소를 자원하여 10년을 어김없이 감당하는 성도, 목자의 사명을 충성스럽게 감당하는 성도, 국장 직분을 충성스럽게 감당하는 성도 등 이런 분들은 반드시 가정과 사업 그리고 직장에 복이 임합니다.

이와 반대로 직분을 소홀하게 여기는 분들이 있습니다. 별 이유 없이 그만둡니다. 이름만 걸어 놓고 아무것도 안합니다. 어떤 사람은 직분이 명예인 줄 알고 그 직분만 가지고 있습니다. 또 남이 볼 때만 하는 척하는 직분자도 있는데, 그러면 복을 받지 못합니다.

충성하는 사람은 세상에서도 그리고 교회에서도 어디서나 환영을 받습니다. 어디서나 환영을 받는 사람, 하나님에게 쓰임을 받는 존귀한 사람이 되고 하나님의 복을 받습니다. 그 복이 이 글을 읽으시는 한분 한분에게 임하시기를 바랍니다.

하나님께서 놀랍게 사용하셨던 모세도, 이방인이었지만 당당하게 가나안에서 약속의 기업을 받은 갈렙도, 힘든 정치판에서도 국무총리로 일했던 다니엘도 충성하는 사람이었습니다. 하나님은 직분을 맡거나, 사명을 받은 사람에게 죽도록 충성하라고 말씀하십니다.

복 받는 자리 12

# 헌신하라

아버지에게서 받은 저주가 축복으로 변한 레위 지파, 하나
님이 친히 그들의 기업이 되어 저주를 복으로 바꾸신 이유
는 그들의 헌신 때문입니다.

"시므온과 레위는 형제요 그들의 칼은 폭력의 도구로다 내 혼아
그들의 모의에 상관하지 말지어다 내 영광아 그들의 집회에 참여
하지 말지어다 그들이 그들의 분노대로 사람을 죽이고 그들의 혈
기대로 소의 발목 힘줄을 끊었음이로다 그 노여움이 혹독하니 저
주를 받을 것이요 분기가 맹렬하니 저주를 받을 것이라 내가 그들
을 야곱 중에서 나누며 이스라엘 중에서 흩으리로다"(창 49:5~7).

## 저주를 받은 시므온과 레위

레위(지파)는 아버지인 야곱에게서 저주를 받았습니다. 왜냐하면

여동생 디나가 강간을 당하자 시므온과 레위가 잔인하게 행동했기 때문입니다. 추장이었던 세겜은 자신의 지역을 지나가다가 구경을 나온 예쁜 디나를 보고 납치를 했습니다. 강제로 동침한 세겜은 아버지 하몰을 통하여 디나의 아버지인 야곱에게 결혼을 간청합니다. 그때 시므온과 레위가 세겜의 히위 족속들을 속여 만약 모든 남자가 할례를 받으면 자신들의 여동생과 다른 여자들을 주어 서로 결혼을 시키겠다고 했습니다. 세겜과 히위 온 부족의 남자들이 그 말에 속아 할례를 받았습니다. 할례 받은 지 3일이 지나 가장 통증이 심해 움직이기도 어려울 때 칼을 차고 가서 다 죽였습니다. 그래서 야곱이 유언을 하며 자녀들에게 복과 저주를 할 때 시므온과 레위는 저주를 받게 되었습니다.

세월이 흐른 뒤에 야곱과 자녀들은 아들 요셉이 총리가 된 애굽에 내려가 기근을 피하여 살게 되었습니다. 처음에는 애굽을 살린 총리의 가족이라 대우를 받았지만 세월이 오래 흘러 요셉을 알지 못하는 왕조가 들어서면서 야곱의 후손들은 애굽의 노예가 됩니다.

노예 생활이 너무 힘들어서 하나님에게 부르짖어 기도할 때에 하나님은 하나님의 종 모세를 보내셔서 그들을 구원하십니다. 애굽 왕 바로는 노예들을 빼앗기기 싫어서 고집을 부리지만 10가지 재앙, 특히 마지막에 모든 장자가 다 죽는 유월절 재앙을 통하여 이스라엘은 노예에서 해방이 되고 애굽을 나오게 됩니다. 유월절은 이스라엘 쪽에서 보면 재앙이 아니고 기적입니다. 문설주에 어린양의 피를 바른 사람들은 다 살았습니다. 이스라엘 민족이 홍해가 갈라지는 기적을 통하여 홍해를 건넌 후, 뒤를 따르던 애굽 병정들은 다시 바다가 합쳐져 몰살을 당합니다.

그 후 하나님은 이스라엘 백성들과 언약을 맺습니다. 이스라엘은 하나님을 섬기며 우상을 피하고 하나님 말씀에 순종하겠다고 약속을 합니다. 하나님은 모세에게 이스라엘이 지켜야 할 십계명을 돌판에 새겨 주십니다. 모세가 산에 올라가서 그 돌판을 받는 동안에 백성들은 산 밑에서 우상을 만들어서 숭배하고 말았습니다.

"여호와께서 시내 산 위에서 모세에게 이르시기를 마치신 때에 증거판 둘을 모세에게 주시니 이는 돌판이요 하나님이 친히 쓰신 것이더라"(출 31:18).

"백성이 모세가 산에서 내려옴이 더딤을 보고 모여 백성이 아론에게 이르러 말하되 일어나라 우리를 위하여 우리를 인도할 신을 만들라 이 모세 곧 우리를 애굽 땅에서 인도하여 낸 사람은 어찌 되었는지 알지 못함이니라 아론이 그들에게 이르되 너희의 아내와 자녀의 귀에서 금 고리를 빼어 내게로 가져오라 모든 백성이 그 귀에서 금 고리를 빼어 아론에게로 가져가매 아론이 그들의 손에서 금 고리를 받아 부어서 조각칼로 새겨 송아지 형상을 만드니 그들이 말하되 이스라엘아 이는 너희를 애굽 땅에서 인도하여 낸 너희의 신이로다 하는지라 아론이 보고 그 앞에 제단을 쌓고 이에 아론이 공포하여 이르되 내일은 여호와의 절일이니라 하니 이튿

날에 그들이 일찍이 일어나 번제를 드리며 화목제를 드리고 백성이 앉아서 먹고 마시며 일어나서 뛰놀더라 여호와께서 모세에게 이르시되 너는 내려가라 네가 애굽 땅에서 인도하여 낸 네 백성이 부패하였도다 그들이 내가 그들에게 명령한 길을 속히 떠나 자기를 위하여 송아지를 부어 만들고 그것을 예배하며 그것에게 제물을 드리며 말하기를 이스라엘아 이는 너희를 애굽 땅에서 인도하여 낸 너희 신이라 하였도다 … 모세가 돌이켜 산에서 내려오는데 두 증거판이 그의 손에 있고 그 판의 양면 이쪽저쪽에 글자가 있으니 그 판은 하나님이 만드신 것이요 글자는 하나님이 쓰셔서 판에 새기신 것이더라 여호수아가 백성들의 요란한 소리를 듣고 모세에게 말하되 진중에서 싸우는 소리가 나나이다 모세가 이르되 이는 승전가도 아니요 패하여 부르짖는 소리도 아니라 내가 듣기에는 노래하는 소리로다 하고 진에 가까이 이르러 그 송아지와 그 춤추는 것들을 보고 크게 노하여 손에서 그 판들을 산 아래로 던져 깨뜨리니라 모세가 그들이 만든 송아지를 가져다가 불살라 부수어 가루를 만들어 물에 뿌려 이스라엘 자손에게 마시게 하니라 모세가 아론에게 이르되 이 백성이 당신에게 어떻게 하였기에 당신이 그들을 큰 죄에 빠지게 하였느냐 아론이 이르되 내 주여 노하지 마소서 이 백성의 악함을 당신이 아나이다 그들이 내게 말하기를 우리를 위하여 우리를 인도할 신을 만들라 이 모세 곧 우리를 애굽 땅에서 인도하여 낸 사람은 어찌 되었는지 알 수 없노라 하기에 내가 그들에게 이르기를 금이 있는 자는 빼내라 한즉 그들이 그것을 내게로 가져왔기로 내가 불에 던졌더니 이 송아지가 나왔나이다 모세가 본즉 백성이 방자하니 이는 아론이 그들을 방자하게 하여 원수에게 조롱거리가 되게 하였음이라"(출 32:1~25).

## 하나님과의 약속을 어긴 이스라엘

하나님께서 종살이에서 구원하시고 여기까지 인도하셨는데 우상을 만들어 그것이 자신들을 구원한 하나님이라고 하며 우상에게 예배를 드렸습니다. 하나님께서 약속한 젖과 꿀이 흐르는 땅으로 데려가신다고 약속을 하셨는데 하나님을 배반했습니다. 뿐만 아니라 우상을 섬기지 않고 하나님의 말씀을 따르고 하나님만 섬기겠다는 약속을 했는데 배신을 했습니다.

그러자 너무 실망하고 기가 막힌 모세는 하나님께서 주신 돌판을 던져 깨부숴 버렸습니다. 하나님과의 약속을 깬 백성들에게는 약속의 돌판이 의미가 없었기 때문입니다. 그리고 백성들을 향하여 외칩니다. "하나님 편에 있는 사람, 즉 하나님에게 헌신할 사람은 나오라." 그때 레위 지파가 나오게 됩니다. 그리고 우상숭배를 고집하는 동족을 죽이게 됩니다. 하나님을 따르며 악을 제거한 헌신을 한 것입니다. 레위 지파는 자신들을 드

레위 지파는 하나님 편에 있는 사람은 즉 하나님에게 헌신할 사람은 나오라고 말할 때 나왔습니다. 그리고 우상 숭배를 고집하는 동족을 죽이게 됩니다. 하나님을 따르며 악을 제거한 레위 지파는 자신들을 하나님께 드렸습니다.

린 것입니다.

"이에 모세가 진 문에 서서 이르되 누구든지 여호와의 편에 있는 자는 내게로 나아오라 하매 레위 자손이 다 모여 그에게로 가는지라 모세가 그들에게 이르되 이스라엘의 하나님 여호와께서 이렇게 말씀하시기를 너희는 각각 허리에 칼을 차고 진 이 문에서 저 문까지 왕래하며 각 사람이 그 형제를, 각 사람이 자기의 친구를, 각 사람이 자기의 이웃을 죽이라 하셨느니라 레위 자손이 모세의 말대로 행하매 이날에 백성 중에 삼천 명 가량이 죽임을 당하니라 모세가 이르되 각 사람이 자기의 아들과 자기의 형제를 쳤으니 오늘 여호와께 헌신하게 되었느니라 그가 오늘 너희에게 복을 내리시리라"(출 32:26~29).

동족을 죽여야 하는 아픔이 있었지만 헌신했던 레위 지파를 향하여 모세는 하나님께서 복을 주신다고 선포하는데, 그 말씀대로 레위 지파는 복을 받습니다. 제사장들 가까이에서 하나님을 섬기는 지파가 되어 성전을 지키고 성전의 일들을 하게 됩니다. 하나님께 제사 드리는 일들을 하게 되고, 심지어 하나님께서 친히 그들의 기업이 되셔서 레위 지파는 토지 분배를 받지 않았습니다. 헌신은 하나님을 위하여 자신을 드리는 것입니다.

## 진정한 헌신의 의미

"무릇 내게 오는 자가 자기 부모와 처자와 형제와 자매와 더욱이 자기 목숨까지 미워하지 아니하면 능히 내 제자가 되지 못하고 누구든지 자기 십자가를 지고 나를 따르지 않는 자도 능히 내 제자가 되지 못하리라 너희 중의 누가 망대를 세우고자 할진대 자기의 가진 것이 준공하기까지에 족할는지 먼저 앉아 그 비용을 계산하지 아니하겠느냐 그렇게 아니하여 그 기초만 쌓고 능히 이루지 못하면 보는 자가 다 비웃어 이르되 이 사람이 공사를 시작하고 능히 이루지 못하였다 하리라  또 어떤 임금이 다른 임금과 싸우러 갈 때에 먼저 앉아 일만 명으로써 저 이만 명을 거느리고 오는 자를 대적할 수 있을까 헤아리지 아니하겠느냐 만일 못할 터이면 그가 아직 멀리 있을 때에 사신을 보내어 화친을 청할지니라 이와 같이 너희 중의 누구든지 자기의 모든 소유를 버리지 아니하면 능히 내 제자가 되지 못하리라 소금이 좋은 것이나 소금도 만일 그 맛을 잃으면 무엇으로 짜게 하리요  땅에도, 거름에도 쓸 데 없어 내버리느니라 들을 귀가 있는 자는 들을지어다 하시니라"(눅 14:26~35).

'헌신'이란 부모나 처자 그리고 형제, 자매보다 주님을 더 사랑하는 것입니다. 나아가서 내 목숨보다도 주님을 더 사랑하는 것입니다. 주님은 망대를 세우기 원하십니다. 하지만 따르는 사람이 헌신이 되어 있지 않으면 주님께서 계산해 보시고 짓지 않으신다는 것입니다. 짓다가 중간에 그치면 망신을 당하기 때문에 짓지 않으십니다. 적병이 2만이 몰려오는데 이쪽에 있는 군사(헌신)가 싸울 만한 병력이 되지 않으면 싸움을 하지 않는다는 것입니다. 헌신되지 않은 제자는 맛을 잃은 소금이라고 말씀하십니다.

### 헌신의 결과

저는 부족한 사람인데, 정말 잘한 것이 있다면 집안에서 예수님을 처음 영접하고 부모님에게 복음을 전한 일입니다. 부모님은 정말 주님을 믿기가 어려운 분들이셨는데, 하나님의 은혜로 교회에 나오시고 기적처럼 침례를 받으셨습니다.

그런데 제가 아프리카로 선교를 간다고 하니까 아버지는 화를 많이 내셨습니다. "부모를 버리고 떠나가는 것이 기독교냐? 그게 예수 믿는 사람들이 하는 행동이야? 이제 나는 예수 믿은 것도 후회하고 세례 받은 것도 후회하고 다 싫다. 교회도 싫고 천국도 싫으니 너는 네 갈 길을 가고 나는 내 갈 길을 가자" 하시며 고개를 돌리셨습니다.

저는 부모님 댁을 나와서 울었습니다. '어떻게 주님을 영접하셨

'헌신'이란 부모나 처자 그리고 형제, 자매보다 주님을 더 사랑하는 것입니다. 나아가서 내 목숨보다도 주님을 더 사랑하는 것입니다. 헌신되지 않은 제자는 맛을 잃은 소금이라고 말씀하십니다.

는데 이렇게 포기를 하시다니, 구원은 정말 받으셨나? 아니면 못 받으셨나? 내가 아프리카로 가면 분명히 아버지는 교회를 안 나가실 텐데…' 하는 안타까움의 눈물이었습니다.

그래서 주님께 기도했습니다. "어떻게 하지요? 주님!" 그때 주님께서 분명하게 감동으로 말씀해 주셨습니다. "아들아, 부모를 공경하고 순종하며 사랑해야 한다. 그런데 나와 복음을 위하여 부모와 처자와 전토를 버릴 때가 있는데 지금이 그때이다. 너는 내게 순종하라." 그래서 주님께 순종하여 헌신하는 마음으로 아프리카를 가게 되었습니다.

그 후 아버지는 말씀하신 대로 교회를 나가지 않으셨습니다. 구역장이 심방을 해도 마음을 돌릴 수가 없었습니다. 그런데 그 후에 아버지에게 들은 이야기인데, 떠나간 아들이 밉기도 하고 야속하기도 하고 속이 상하신 중에 문득 이런 생각이 드시더랍니다. '예수 믿는 게 뭐야? 예수가 뭐야? 예수가 뭔데 내 아들이 미쳤어? 예수가 누군데 내 아들을 빼앗아 가? 내가 아는 내 아들은 나를 버리고 아프리카로 갈 놈이 아닌데'. 그래서 "알고나 죽자"라고 결심하고 주석이 달린 성경책을 사서는 하루에 열 시간 이상 성경을 읽으셨습니다. 창세기부터 요한계시록까지 읽으시다가 이해가 안 되면 주석을 보시면서 예수님을 진짜 만나신 것입니다.

그리고 이런 고백을 하셨습니다. "아하, 예수를 안 믿으면 지옥에 가는 것이구나. 예수를 믿어야 천국에 가는 것이구나. 그러니 예수를 전해야겠네. 우리 아들이 예수를 잘 믿는 것이구나. 선교는 귀하고 값진 일이구나"라고 깨달으셨답니다. 깨달으신 그 주일에 다시 스스로 교회를 나가셨습니다. 그리고 천국에 갈 생각을 하니 하나님 앞에 한 일이 하나도 없더랍니다. 연세가 많으신 분이라 다른 일은 하실 만한 것이 없고 해서 교회 청소를 시작하셨고, 토요일에는 주보를 접으셨습니다. 얼마나 열심히 하셨던지 다음 해에는 연세 드신 분들의 모임인 영생회의 회장이 되셨습니다.

그리고 노인 아파트에서 저를 자랑하기 시작하셨습니다. "우리 아들이 예수를 믿고 귀한 선교를 하고 있습니다"라고 말입니다. 그 말씀에 도전을 받은 몇몇 가정이 아프리카 선교의 후원자가 되셔서 매월 3만 원, 5만 원씩 후원하시면서 기도를 해 주셨습니다. 부족한 사람이 헌신을 드렸더니 부모님에게 구원의 확신을 주셨습니다. 그리고 선교지에서도 주님은 여러 곳에 육영 사업을 하게 하시고, 신학교를 세우게 하시고 교회들을 많이 세우게 해 주셨습니다.

저는 정말 부족하고 세상을 좋아하고 교회를 비웃으며 하나님도 모르던 별 볼일 없던 사람이었는데 작은 헌신을 허락하셨고 엄청난 복을 주셨습니다. 앞 장에서도 간증했듯이 아름다운 열매를 맺게 해 주셨습니다.

하나님을 향한 헌신이나 하나님 나라를 위하여 자신을 드리는 헌신은 자신을 복되게 합니다. 레위 지파처럼 저주가 복으로 바뀌게 하십니다. 이 복이 우리 모두에게 넘치기를 바랍니다.

복 받는 자리 13

# 예수님이 말씀하신 복이 있는 사람

세상에서의 복은 건강하고, 자식 잘되고, 집안이 편하고,
장수하고, 권세 잡는 것 등을 말합니다. 그것도 중요합니
다. 그러나 예수님께서 말씀하신 복은 다릅니다.

"예수께서 무리를 보시고 산에 올라가 앉으시니 제자들이 나아온
지라 입을 열어 가르쳐 이르시되 심령이 가난한 자는 복이 있나니
천국이 그들의 것임이요 애통하는 자는 복이 있나니 그들이 위로
를 받을 것임이요 온유한 자는 복이 있나니 그들이 땅을 기업으로
받을 것임이요 의에 주리고 목마른 자는 복이 있나니 그들이 배부
를 것임이요 긍휼히 여기는 자는 복이 있나니 그들이 긍휼히 여김
을 받을 것임이요 마음이 청결한 자는 복이 있나니 그들이 하나님
을 볼 것임이요 화평하게 하는 자는 복이 있나니 그들이 하나님
의 아들이라 일컬음을 받을 것임이요 의를 위하여 박해를 받은 자
는 복이 있나니 천국이 그들의 것임이라 나로 말미암아 너희를 욕

하고 박해하고 거짓으로 너희를 거슬러 모든 악한 말을 할 때에는 너희에게 복이 있나니 기뻐하고 즐거워하라 하늘에서 너희의 상이 큼이라 너희 전에 있던 선지자들도 이같이 박해하였느니라"(마 5:1~12).

산상수훈은 예수님께서 말씀하신 복이 있는 사람, 팔복에 대해 말씀하고 있습니다.

## 심령이 가난한 사람

"심령이 가난한 자는 복이 있나니 천국이 그들의 것임이요"(3절).

예수님은 심령(영)이 가난한 사람이 복이 있다고 말씀하십니다. 왜냐하면 천국이 저희 것이기 때문입니다. 그러면 심령이 가난하다는 말은 무슨 뜻입니까? 심령이 가난하다는 말은 자신이 한계가 있는 피조물이며 부족한 인생임을 알고 또한 자신이 죄인임을 아는 사람입니다. 그러니 내세울 것이 없어 영이 가난해지는 것입니다. 하나님밖에는 도와줄 분이 없음을 알기 때문에 예수님을 영접하여 죄 용서를 받고 하나님의 자녀가 되어

> 이 땅에서 사는 동안 모든 것을 다 소유하더라도 지옥 가면 실패한 인생이며, 복이 없는 인생입니다.

천국을 소유하게 됩니다. 그것이 가장 중요한 복입니다. 이 땅에서 사는 동안 모든 것을 다 소유하더라도 지옥 가면 실패한 인생이며, 복이 없는 인생입니다. 왜냐하면 거기서 영혼이 살기 때문입니다.

## 애통하는 사람

"애통하는 자는 복이 있나니 그들이 위로를 받을 것임이요"(4절).

로마서 7장에서 바울은 이렇게 고백합니다. "원하는 선은 행하지 않고 원하지 않는 악은 행하는구나. 나는 곤고한 사람이로다. 오호라. 누가 나를 사망의 몸에서 구원하여 주랴."

이 고백은 바울이 구원 받은 후에 한 고백입니다. 마음은 그렇지 않은데 실천을 못하고 자꾸 말도 실수하는 자신에게 실망해서 애통해합니다. 사명을 제대로 감당하지 못해서 애통해합니다. 이런 사람은 복이 있고, 위로를 받을 것입니다.

"그래도 너의 모든 죄가 예수님의 십자가 보혈로 깨끗하게 되었다." 자신에게 실망을 하고 있는데 주님은 말씀하십니다. "내가 너를 돕는다. 은사와 은혜를 주고, 너를 도울 사람을 보내 주며 너를 인도하리라." 사명을 감당하지 못해 애통해하는 우리에게 "네가 수고했다. 고맙다"며 오히려 우리의 한 일을 감사하시는 주님은 우리에게 위로를 주십니다. 애통하는 사람에게는 하나님의 위로가 있습니다. 그것이 복입니다.

## 온유한 사람

"온유한 자는 복이 있나니 그들이 땅을 기업으로 받을 것임이요"(5
절).

온유하다는 말은 양같이 순하게 길들여졌다는 말입니다. 온유해
야 사람이 붙고, 사람이 붙어야 뭐가 됩니다. 사업도 사람이 와야 합
니다. 좋은 직원도 붙어 있어야 합니다. 사업은 내가 한다기보다는
남들이 해 주는 것입니다. 되는 사람은 사람이 오고, 안 되는 사람은
사람이 갑니다.

또 온유해야 적이 없습니다. 거칠고 별난 성격은 사방에서 싸우
느라 할 일을 하지 못합니다. 마음의 상처와 분노로 바른 판단을 할
수도 없습니다.

더 중요한 사실은 온유한 사람이 땅을 차지한다고 하나님이 약속
하셨다는 것입니다. 강포한 사람들이 땅을 차지하는 것 같지만 그
것은 일시적입니다. 실제로는 온유한 사람이 차지하기 때문입니다.
맹수들은 멸종을 하고 맙니다. 당신이 하나님이라면 누구에게 땅을
맡기겠습니까? 온유한 사람이 차지합니다. 신앙 박해를 피해 신대
륙으로 온 청교도들이 큰 땅을 기업으로 받은 것은 우연이 아닙니

다. 그래서 온유한 자가 복이 있는 것입니다.


## 의에 주리고 목마른 사람


"의에 주리고 목마른 자는 복이 있나니 그들이 배부를 것임이요"(6
절).


　죄를 짓고, 나약하고, 사명을 감당하지 못해서 애통해하는 중에
위로를 받고, 온유하여 땅을 기업으로 받은 그 다음에는 어떻게 합
니까? 위로와 땅은 받았어도 능력이 없습니다. "내 실력으로는 못
한다 인생이 내 마음대로 되지 않는다"고 고백하며 하나님의 도우
심을 구하는 것입니다.

　하나님의 도우심을 받으려면 예수님의 의를 사모해야 합니다.
구원받은 사람도 내 의를 내세우면 하나님의 도우심을 받지 못합니
다. 무엇 때문에 우리는 주리고 목마릅니까? 무엇을 사모합니까?
많은 인생들은 물질, 쾌락, 권세, 명예를 추구합니다. 그것들은 채
워지지 않는 것들입니다.

　그러나 의를 사모하여 주님의 의로 채워지면 영, 혼, 육이 다 배
불러집니다. 영혼이 잘되면 범사가 잘되고 강건해지는 복이 따라오
는 것입니다. 그것이 복입니다.

## 긍휼히 여기는 사람

"긍휼히 여기는 자는 복이 있나니 그들이 긍휼히 여김을 받을 것임이요"(7절).

호세아 6장 6절에서 하나님은 번제보다는 인애를 원하신다고 말씀하십니다. "나는 인애를 원하고 제사를 원하지 아니하며 번제보다 하나님을 아는 것을 원하노라." 인애는 불행한 사람을 동정하며, 도우며, 동참하여 같이 괴로워하는 것을 의미합니다. 긍휼히 여겨야 할 사람에게 무관심하거나 멸시하고 있지는 않습니까? 흑인들을 무시하고, 라티노들을 비웃고, 장애인들을 귀찮게 여기고, 가난한 자, 갇힌 자, 눌린 자, 아픈 자, 버림 받은 자들에게 무관심하지는 않습니까? 또한 형통하는 악인은 긍휼히 여겨야 할 사람인데 혹시 부러워하고 있지는 않습니까?

마태복음 25장에 양과 염소의 비유가 나옵니다. 예수님은 양들에게 "내가 주릴 때, 목마를 때, 나그네 되었을 때, 벗었을 때, 병들었을 때, 옥에 갇혔을 때, 네가 나를 돌아보았다"라고 말씀하십니다.

육신이 주리고, 목마르고, 외롭고, 아프고, 감옥에 갇히고, 양로원에서 쓸쓸히 있는 사람들이 있습니다. 장애를 가지고 고통을 당하는 사람들, 거리에서 자야 하는 노숙자들, 귀신에게 붙잡히고, 마음이 미움에 잡히고, 음란에 잡히고, 삶이 마약이나 도박에 잡히는 등 어려움에 있는 많은 사람들을 불쌍히 여기면 전지전능하신 하나님이 우리를 불쌍히 여기십니다. 그리고 이웃들도 나를 불쌍히 여기고 용서하며 도와줍니다. 나도 긍휼히 여김을 받아야 하는 죄인이며, 한계가 있는 인생입니다. 우리 모두는 하나님의 도우심과 사람들의 도움이 필요합니다. 긍휼히 여김으로 긍휼히 여김을 받을 수 있습니다. 이것이 복입니다.


## 마음이 청결한 사람

"마음이 청결한 자는 복이 있나니 그들이 하나님을 볼 것임이요"(8절).

청결하다는 것은 죄, 이기심, 탐욕이 없는 상태를 말합니다. 즉 사람이 예수님의 마음을 가진 것이고 성령 충만한 상태를 말합니다. 다른 사람에게서 하나님을 보게 됩니다. 즉, 성도들 속에 계신 하나님을 보게 됩니다. 불신자를 볼 때도 하나님께서 창조하시고 예수님께서 위하여 죽으신 영혼임을 보게 됩니다. 자신들의 삶에서도 하나님을 볼 것입니다. 나를 인도하시는 하나님의 손길, 은혜, 징계, 음성과 더불어 나를 향하신 사랑을 보게 됩니다. 자연이나 천지 만물에서도 하나님을 보게 됩니다. 하나님의 지혜가 창조물에서 보입니다. 말씀을 읽고, 기도하며, 찬양하는 중이나 헌신하며 봉사하는 중에도 하나님을 보게 됩니다. 그것이 복입니다.

## 화평하게 하는 사람

"화평하게 하는 자는 복이 있나니 그들이 하나님의 아들이라 일컬음을 받을 것임이요"(9절).

하나님과 사람을 화평하게 하는 사람은 전도하는 사람입니다. 죄인은 하나님을 잘 몰라서 마음에 하나님 모시기를 싫어합니다. 그들에게 사랑의 하나님과 예수님을 소개합니다. 십자가와 부활을 전하고 믿음으로 주님을 영접하게 하여 하나님과 화목하게 합니다. "하나님의 아들이니 그리하는구나"라는 일컬음을 받게 됩니다. 그것이 복입니다.

사람과 사람을 화평하게 하는 사람은 복을 받습니다. 세상 사람들 뿐만 아니라 믿는 사람들 사이에도 죄성과 미성숙함으로 원망하고 불평하고 비난하며 미워하는 경우가 있습니다. 사람은 이기적이라 정죄하고 다투는 경우도 있는데, 이러할 때도 내가 양보하면 화평을 이룹니다. 이것이 복입니다. 남과 남 사이인 경우에는 서로를 이해시킵니다.

탕자의 아버지는 큰아들과 탕자 동생을 화평하게 하려고 노력을 합니다. 각자의 장점을 말해 주고 단점을 덮어 줍니다. 왜 이런 일들을 합니까? 하나님의 아들이기 때문에 그렇습니다. 하나님은 자녀들이 화평하며 사는 것을 기뻐하시기 때문입니다. 그래서 사람과 사람 사이를 화평하게 하는 사람은 하나님의 아들이라고 일컬음을 받습니다. 하나님의 아들로 불리는 것이 복입니다.

왜 그렇습니까? 하나님의 아들이라 일컬음을 받는 사람을 하나님께서 어떻게 인도하시겠습니까? 시편 23편 3절에 보면 하나님의 이름을 위하여 의의 길로 인도하신다고 했습니다. 의의 길은 예수님의 길입니다. 승리의 길, 영광의 길, 은혜의 길입니다. 그래서 하나님의 아들이라 일컬음을 받는 것이 복입니다.


## 의를 위하여 박해를 받는 사람

"의를 위하여 박해를 받은 자는 복이 있나니 천국이 그들의 것임이라 나로 말미암아 너희를 욕하고 박해하고 거짓으로 너희를 거슬러 모든 악한 말을 할 때에는 너희에게 복이 있나니 기뻐하고 즐거워하라 하늘에서 너희의 상이 큼이라 너희 전에 있던 선지자들도 이같이 박해하였느니라"(10~12절).

의를 위하여 박해를 받는 단계는 성화의 제일 마지막 단계입니다. 그런 사람은 심령 천국을 소유하게 됩니다. 심령이 가난한 것은 구원 천국을 소유한 것이기 때문에 죽어서 천국에 가는 것이고, 의를 위하여 박해를 받는 사람은 이 땅에서 이미 천국을 누리는 복을 받습니다.

세상 사람들과 악한 영과 때로는 믿음이 약한 사람이 예수님을 믿는다는 이유로 우리에게 욕을 하고, 박해하고, 거짓으로 우리를 거슬러 모든 악한 말을 할 때 기뻐하고 즐거워하라고 하십니다. 왜냐하면 하늘에서 상급이 크다고 말씀하시기 때문입니다. 하늘에서 상을 받는 것이 복입니다.

### 신앙의 3단계

신앙에는 3단계가 있습니다.

● 1단계 : 구원

　심령이 가난하여 구원을 받고, 천국을 소유합니다.

● 2단계 : 성화

　애통하여 위로를 받으며, 온유하여 땅을 기업으로 받을 것입니다. 의에 주리고 목마름으로 영, 혼, 육이 배부르며, 긍휼히 여김으로 긍휼히 여김을 받고, 마음이 청결하여 하나님을 보게 됩니다.

● 3단계 : 사명(현신)

　전도하여 사람과 하나님을 화평하게 합니다. 사람들 사이를 화해시키니 하나님의 아들이라 일컬음을 받습니다. 의를 위하여 박해를 받으니 심령 천국을 이룹니다. 예수님 때문에 욕먹고, 박해받고, 거짓으로 하는 악한 말을 듣게 됩니다. 하늘에서 상이 큽니다.

세상에서의 복은 건강하고, 자식 잘되고, 집안이 편하고, 장수하고, 권세 잡고, 치아가 튼튼한 것(?) 등을 말합니다. 그것도 중요하니다. 그러나 육체도 '나'지만 '진짜 나'는 내 영혼입니다. 그러므로 주님께서 말씀하신 복이 참 복입니다.

심령이 가난하여 구원을 얻고, 애통해하며, 온유하고, 의를 사모하며, 긍휼히 여기고, 마음이 청결함으로 주님을 닮아 가는 성화 과정을 이루며, 하나님과 사람, 사람과 사람을 화평하게 하되 박해를 받기까지 사명을 감당하며 헌신하는 삶을 사는 인생의 참 복을 누려야겠습니다.

## 예수님이 누구신지 정확히 아는 복

"누구든지 나로 말미암아 실족하지 아니하는 자는 복이 있도다 하시니라"(마 11:6).

어떤 사람은 예수님의 모습을 보고 실망합니다. '목수라고? 요셉의 아들이라고? 나사렛 시골 사람이라고? 십자가에서 조롱당하고 힘없이 죽으신 분이라고?' 등의 생각으로 실망하는 사람은 복이 없는 사람입니다. 그러나 예수님을 보고 예수님의 말씀을 듣는 사람은

> 심령이 가난하여 구원을 얻고, 애통해하며, 온유하고, 의를 사모하며, 긍휼히 여기고, 마음이 청결함으로 주님을 닮아 가는 성화 과정을 이루며, 하나님과 사람, 사람과 사람을 화평하게 하되 박해를 받기까지 사명을 감당하며 헌신하는 인생의 참 복을 누려야겠습니다.

복 있는 사람입니다.

"그러나 너희 눈은 봄으로, 너희 귀는 들음으로 복이 있도다"(마
13:16).

"이르시되 너희는 나를 누구라 하느냐 시몬 베드로가 대답하여 이
르되 주는 그리스도시요 살아 계신 하나님의 아들이시니이다 예
수께서 대답하여 이르시되 바요나 시몬아 네가 복이 있도다 이를
네게 알게 한 이는 혈육이 아니요 하늘에 계신 내 아버지시니라"
(마 16:15~17).


베드로는 예수님이 누구신지 정확하게 알았습니다. 예수님은 우
리가 기다리던 그리스도, 구원자, 메시아이며 하나님의 아들입니
다. 하나님의 아들이라는 말은 하나님이라는 말입니다.

요한복음 5장 18절에는 "유대인들이 이로 말미암아 더욱 예수를
죽이고자 하니 이는 안식일을 범할 뿐만 아니라 하나님을 자기의 친
아버지라 하여 자기를 하나님과 동등으로 삼으심이러라"는 말씀이
나옵니다. 많은 유대인들은 예수님이 누구신지 몰랐습니다.

그러나 예수님을 안 베드로는 복 받은 사람이라는 것입니다. 예
수님을 제대로 알고 믿는 것이 복입니다. 우리 또한 이 복을 받은 사
람입니다.

예수님을 이미 아는 우리는 복을 받았습니다. 자신이 복 받은 사람임을 믿으십시오. 그러면 믿은 대로 됩니다. 하나님은 그리스도 예수 안에서 모든 신령한 복을 우리에게 부어 주십니다(엡 1:3 참조).

## 하나님의 복을 받는 비결 13

예수님은 우리가 기다리던 그리스도시요, 구원자시요, 메시아이 시며, 하나님의 아들이십니다. 곧 하나님이십니다. 이것을 아는 사람은 복 받은 사람입니다. 예수님을 제대로 알고 믿는 것이 복입니다.

- 부모님을 공경하라 • 영혼을 사랑하라
- 선교에 동참하라 • 봉사로 교회를 섬기라
- 이웃을 섬기는 사람이 되어라
- 이스라엘과 교회를 축복하라

Part 3

복을 내보내야
복이 들어온다

# 부모님을 공경하라

부모님을 공경하는 것은 무조건 순종하라는 말과 의미가
통합니다. 무조건 순종한다는 것은 무슨 뜻입니까? 이삭,
다윗, 예수님은 무조건적인 순종의 본입니다.

"너는 네 하나님 여호와께서 명령한 대로 네 부모를 공경하라 그
리하면 네 하나님 여호와가 네게 준 땅에서 네 생명이 길고 복을
누리리라"(신 5:16).

이 말씀의 의미는 우리가 하나님 여호와의 명령대로 부모님을 공
경하면 하나님 여호와가 우리에게 주신 그 땅에서 우리의 생명이 길
다는 것입니다. 우리는 사고나 병으로 죽기보다는 명대로 살아야
합니다. 또한 명대로 살면서 복을 받고 살아야 합니다. 오래는 사는
데 복이 없으면 비참합니다.

## 부모님을 공경하면 복이 따라온다

"자녀들아 주 안에서 너희 부모에게 순종하라 이것이 옳으니라 네 아버지와 어머니를 공경하라 이것은 약속이 있는 첫 계명이니 이로써 네가 잘되고 땅에서 장수하리라"(엡 6:1~3).

구약뿐만 아니라 신약에서도 "자녀들아 네 부모님을 주 안에서 순종하라. 이것이 옳다"라고 하셨습니다. "순종하고 또 공경하라. 이것이 약속이 있는 첫 계명이다"라고 하셨습니다. 부모 공경은 십계명 가운데 첫 번째 약속이 보장되어 있는 계명입니다.

부모님께 순종하고 공경하면, 네가 잘되고 땅에서 장수하게 되리라는 약속의 말씀입니다. 집안도 잘되고, 건강하고, 사업도 잘되고, 인간관계도 잘되고, 직장 생활도 잘되고, 교회 생활도 잘되는 등 뭐든지 잘되고 땅에서 장수한다는 것입니다.

### 순종의 본을 보인 이삭
이삭은 부모님에게 순종한 사람입니다.

"하나님이 그에게 일러 주신 곳에 이른지라 이에 아브라함이 그곳에 제단을 쌓고 나무를 벌여 놓고 그의 아들 이삭을 결박하여 제단 나무 위에 놓고 손을 내밀어 칼을 잡고 그 아들을 잡으려 하니"(창 22:9~10).

하나님이 아브라함에게 아들을 죽여서 번제로 바치라고 명령하셨습니다. 아브라함이 명령을 듣고 하나님이 일러 주신 곳에 이르러 그 곳에 하나님을 예배할 수 있는 제단을 쌓고 나무를 쌓아 놓고 그 위에 아들 이삭을 꽁꽁 묶어 놓은 다음에 아들을 죽이려고 했습니다. 아브라함은 100세에 아들 이삭을 낳았습니다. 아브라함이 아들을 번제로 바치려 할 때 이삭이 장작을 지고 갔으니까 나이가 적어도 15~20세쯤 되었을 것입니다. 115~120세 정도가 된 늙은 아버지가 자신을 꽁꽁 묶습니다. 이삭은 자기를 죽이려고 하는 늙고 힘없는 아버지를 밀치며 반항할 수 있었습니다. 그러나 이삭은 그냥 꽁꽁 묶여 있습니다. 그냥 누워서 죽음을 기다리고 있었던 이삭은 아버지에게 전적으로 순종한 아들의 모습입니다.

다음 말씀에도 이삭이 아버지에게 순종하는 모습이 나옵니다.

"내가 너에게 하늘의 하나님, 땅의 하나님이신 여호와를 가리켜 맹세하게 하노니 너는 내가 거주하는 이 지방 가나안 족속의 딸 중에서 내 아들을 위하여 아내를 택하지 말고 내 고향 내 족속에게로 가서 내 아들 이삭을 위하여 아내를 택하라 종이 이르되 여자가 나를 따라 이 땅으로 오려고 하지 아니하거든 내가 주인의 아들을 주인이 나오신 땅으로 인도하여 돌아가리이까 아브라함이 그에게 이르되 내 아들을 그리로 데리고 돌아가지 아니하도록 하라"(창 24:3~6).

이 말씀은 아브라함이 자기 종 엘리에셀에게 명령하는 것입니다. "나는 절대로 우리 며느리를 이 땅에서 얻지 않을 것이다. 이 가나안 땅에 있는 사람은 내 마음에 안 들어. 내가 온 고향으로 돌아가서 며느릿감을 구해 오너라. 가서 이삭의 부인을 구해 오너라" 하고 말하고 있습니다.

그러자 종 엘리에셀이 대답합니다. "예, 알겠습니다. 그런데 그 여자가 혹시 오지 않는다고 하면 어떻게 하죠? 그러면 아드님을 주인님의 고향에 가서 살게 할까요?" 하고 물었습니다. 그러자 아브라함이 아들을 자신의 고향으로 보낼 수 없다고 합니다. 이 말은 곧 이삭이 장가를 못 갈 수도 있다는 뜻이기도 합니다.

이때도 이삭은 순종했습니다. "아버지, 이 고장 사람은 안 되고, 고향 여자가 여기로 안 와도 안 된다고 하시는데, 그러면 제가 어떻게 장가를 갑니까?"라고 불평하지 않았습니다. 그런데 하나님은 아버지에게 순종했던 이삭을 위하여 숫양을 예비하여 생명을 구하셨던 것처럼 아내로 리브가를 예비해 두셨습니다. 목숨을 바친다는 각오로 순종하고, 장가를 못 갈지도 모르는데 아버지께 순종했던 이삭에게 하나님은 많은 복을 주셨습니다.

이삭에게 어떤 복을 주셨습니까? 이스라엘은 물이 귀한 나라입니다. 광야의 나라이며 사막의 나라입니다. 그런 땅에서 이삭은 파기만 하면 물이 나오는 것입니다. 다른 사람은 우물을 파도 물이 나오지 않는 곳에 이삭은 파기만 하면 물이 나옵니다.

또 이삭이 농사를 지어 그 해에 100배로 부자가 되었다고 했습니다. 100배는 천만 원을 가지고 있는 사람이 10억 원이 되는 것을 말합니다. 한 해에 어떻게 100배 부자가 됩니까? 하나님이 복을 부어 주시니까 100배로 거두게 되는 것입니다.

또한 아브라함이 죽은 후에 하나님께서 이삭에게 복을 내려 주셨다는 말씀이 있습니다. 아버지가 살아 계시는 동안에는 아버지를 통해서 많은 복을 받다가 아버지가 돌아가신 후에는 이삭이 하나님께 많은 복을 받았습니다. 이삭이 부모님께 순종한 결과입니다.


### 위임 권위인 사울을 공경했던 다윗

다윗은 자기의 위임 권위인 사울 왕을 공경하고 순종했습니다. 사울은 처음에는 겸손하고 나라를 위해서 목숨 걸고 싸우고 백성들을 보호하고 하나님을 잘 섬긴 좋은 왕이었지만 점점 교만해져서 망하고 맙니다.

사울 왕은 전쟁터에서 적의 장수 골리앗을 죽인 다윗을 사위로 삼았습니다. 다윗이 많은 전쟁터에서 목숨을 다해 싸우며 승리를 거듭하자 사람들은 다윗을 칭찬합니다. 그러자 사울 왕은 다윗을 미워하여 다윗을 죽이려고 안간힘을 씁니다. 사울 왕은 백성을 보호할 생각은 하지 않고 다윗을 잡는 것이 최대의 목표였습니다. 다윗을 잡으려고 군사를 풀어 뒤쫓습니다.

그러다가 하루는 다윗이 있는 지역을 포위했습니다. 수색을 하며 다윗을 찾던 사울과 그 일행들이 피곤해서 동굴에 들어가서 낮잠을 잤습니다. 마침 그 동굴 깊숙한 곳에 다윗이 숨어 있었습니다. 다윗의 부하들이 말합니다. "저 사울을 죽이십시오. 사울만 죽이면 끝납니다. 이스라엘 백성이 다 당신을 좋아합니다. 당신이 나라를 보호하고 공을 세운 것 다 압니다. 사울이 잘못된 것도 압니다. 그러니까 사울만 죽이면 끝납니다."

그러나 다윗은 하나님이 기름부으신 사람을 죽이면 안 된다고 야단을 칩니다. 그리고 사울에게 살금살금 다가가서 사울에게 있던 물병과 칼을 훔치고 옷을 조금 베어 동굴 맞은편에 가서 사울의 군대장관 아브넬을 부릅니다. "아브넬아, 너는 네 주인을 똑바로 모셔라. 이 칼과 이 물통이 누구 것이냐?" 하고 말합니다. 군대장관은 칼과 물통 그리고 베어진 그 옷 조각이 사울 왕의 것임을 보고 할 말이 없습니다.

다윗은 무릎을 꿇고 절을 하면서 "임금님, 저는 임금님을 해칠 마음이 전혀 없습니다. 왜 자꾸 저를 죽이려고 하십니까? 이 옷자락을 보십시오. 저는 임금님을 공경합니다"라고 말을 합니다. 그때 사울은 눈물을 흘리며 자신이 잘못했다고 말하며 돌아갑니다.

그러나 사울은 얼마 지나지 않아 또 다윗을 죽이려고 합니다. 결국 다윗은 사울을 피하여 다른 나라로 도망을 갑니다. 왜냐하면 사울이 하나님께서 기름부으신 사람이기 때문입니다.

다윗이 사울 왕을 공경한 증거는 또 있습니다.

사울은 그렇게 죄를 많이 짓다가 결국 길보아 전투에서 자신과 아들 셋이 한날에 다 죽게 됩니다. 사울의 죽은 모습을 본 병사가 다윗에게 뛰어옵니다. "다윗 임금님, 드디어 사울이 죽었습니다"라고 전하자 다윗은 사울이 어떻게 죽었는가를 묻습니다. 사실 사울은 전쟁에서 패하고 부상을 당한 중에 소망이 없음을 알고 자살을 했습니다. 그런데 다윗에게 온 병사는 사울이 그동안 다윗을 힘들게 했기 때문에 자신이 죽였다고 하면 상을 받을 줄 알고 부상 당한 사울이 자신을 죽여 달라고 해서 사울 왕을 자신이 죽였다고 거짓말을 합니다.

다윗은 사울이 죽었다는 말에 통곡을 하고 슬픈 노래를 부릅니다. 그리고 상을 받을 줄 알고 사울 왕의 전사 소식을 전한 병사를 오히려 죽이라고 명령합니다. 어떻게 겁도 없이 하나님이 기름부으신 사람을 죽이냐는 것이 죄목이었습니다.

이처럼 다윗은 위임 권위자를 존경하고 순종했습니다. 그 결과 다윗에게 어떤 결과가 따라왔습니까? 목동 출신인 다윗이 왕이 되었을 뿐 아니라, 충성심이 뛰어난 부하들을 붙여 주셔서 나라가 아주 부강해지는 복을 주셨습니다. 뿐만 아니라 하나님은 메시아가 다윗의 후손으로 오는 엄청난 복도 주셨습니다.

부모님께 순종하는 자녀에게 하나님은 복을 부어 주십니다. 성경은 부모의 말씀이 합리적이고 타당하고 이성적이면 순종하라고 하지 않았습니다. 부모님께 순종하고 공경하라고 말씀하셨을 뿐입니다.

## 부모님의 말씀에 순종하는 가정이 누릴 축복

제가 어렸을 때에 아버지로부터 들어 오던 이야기가 있습니다. 되는 집안과 안 되는 집안의 차이가 있다는 이야기입니다.

되는 집안은 아버지가 아들을 보고 "애야, 소를 끌고 지붕으로 올라가라"고 해도 순종한다는 것입니다. 밖에 나가서 소를 끌고 지붕으로 올라가려고 노력을 한다는 것입니다. 그때 며느리가 들어와서 "여보, 뭐하는 거예요?"라고 묻습니다. "아버지가 소를 끌고 지붕으로 올라가라고 그러셔"라고 대답하면 아내는 "그래요? 우리 열심히해 봅시다" 한다는 것입니다. 이런 집안이 되는 집안이라고 하셨습니다.

반대로 안 되는 집안은 아들뿐 아니라, 며느리도 소를 끌고 지붕으로 올라가라고 아버지가 말씀하시면 "불필요한 일, 되지도 않을 일을 시키시는 아버지가 망령이 들었다"며 화를 낸다는 것입니다.

이 이야기를 들었을 때 저는 어려서 이해를 못했습니다. '소를 끌고 지붕으로 올라가라는 말에 순종을 하는 집안은 되는 집안이고, 툴툴거린 집안은 왜 안 되는 집안일까?'라고 말입니다. 제가 볼 때는 툴툴거리는 것이 맞는 말인 것 같았습니다. 소가 지붕으로 못 올라가는데, 그리고 올라갈 필요도 없는데, 왜 바르게 말한 사람은 안 되는 집안이고, 바보같이 끌어올리려 한 집은 왜 되는 집안인지 이해되지 않았습니다.

그런데 제가 하나님을 믿은 후 신앙생활을 하면서 하나님에게 그리고 위임 권위에게 순종하는 것이 진리임을 깨달았습니다. 아버지도 그 당시에는 하나님을 모르셨지만 인생 경험을 통해서 알게 되셨을 것입니다.

부모님께 순종하는 자녀에게 하나님은 복을 부어 주십니다. 정말 이해가 되지 않는 말씀일지라도 순종하려고 애써야 합니다. 성경은 부모님의 말씀이 합리적이고 타당하고 이성적이면 순종하라고 하지 않았습니다. 단지 부모님께 순종하고 공경하라고 말씀하셨을 뿐입니다.


### 부모의 허물을 들추지 않는 자녀

노아에게는 셈과 함과 야벳이라는 세 아들이 있었습니다. 그런데 노아가 잘못하여 사건이 생깁니다.

"노아가 농사를 시작하여 포도나무를 심었더니 포도주를 마시고 취하여 그 장막 안에서 벌거벗은지라 가나안의 아버지 함이 그 아버지의 하체를 보고 밖으로 나가서 그의 두 형제에게 알리매 셈과 야벳이 옷을 가져다가 자기들의 어깨에 메고 뒷걸음쳐 들어가서 그들의 아버지의 하체를 덮었으며 그들이 얼굴을 돌이키고 그들의 아버지의 하체를 보지 아니하였더라"(창 9:20~23).

노아는 그 당시에 하나님의 음성을 들었던 사람입니다. 비를 본 적이 없을 때에 하나님의 명령에 순종해서 비가 온다고 방주를 지었던 사람입니다. 그렇게 순종할 때에 노아는 당대의 의인이라고 성경은 기록하고 있습니다. 노아는 방주를 지어서 자기 가족과 모든 짐승들을 다 살린 엄청난 사람입니다.

그러나 노아에게도 허물이 있었습니다. 포도주를 너무 많이 마시고 취해서 옷을 다 벗고 자는 바람에 하체가 드러난 것입니다. 이때 그 모습을 둘째 아들 함이 봤습니다. 그리고 형들에게 말합니다. "형, 나 진짜 웃기는 거 봤다. 못 볼 걸 봤다. 가서 봐. 아버지가 다 벗었어"라고 이야기합니다. 그러나 이야기를 들은 셈과 야벳의 반응은 다릅니다. 이들은 아버지의 옷을 어깨에 메고 뒷걸음질로 살금살금 들어가서 아버지께 덮어드렸습니다.

한 아들은 아버지의 허물을 들추어내고, 다른 아들들은 아버지의 허물을 덮었습니다. 그 결과 어떤 일이 일어난 줄 아십니까? 셈과 야벳은 복을 받고, 함은 저주를 받습니다.

부모님으로부터 아픔과 상처를 받은 사람도 있습니다. 우리가 알아야 할 것은 부모님이 그렇게 행동하신 것에는 그만한 사정이 있었을 수도 있다는 점입니다. 예를 들어 엄마가 아이를 입양시킬 때는 그만큼 피눈물 나는 사연이 있을 수 있습니다. 그러니 잘 알아보고 이해를 해야 합니다. 부모님에게도 허물이 있을 수 있습니다. 우리는 그 허물을 가려 드리고 덮어 드

우리는 함부로 부모님을 판단하거나 정죄하면 안 됩니다. 그리고 부모님을 공경하고 순종하기 위해서는 부모님의 장점을 보도록 노력해야 합니다. 장점을 찾아보면 얼마든지 있습니다.

려야 합니다. 우리는 함부로 부모님을 판단하거나 정죄하면 안 됩니다. 그리고 부모님을 공경하고 순종하기 위해서는 부모님의 장점을 보도록 노력해야 합니다. 어떤 부모님이라 해도 장점을 찾아보면 얼마든지 있습니다.

### 끝까지 자신을 내어 희생

2008년 초에 87세인 아버님은 아주 건강하셨는데, 82세인 어머니가 쓰러지면서 그 날 충격을 받아 동시에 쓰러지셨습니다. 병원에 가서 건강했던 부모님이 힘없이 누워 계신 모습을 보며 마음이 아팠습니다.

'왜 사람이 늙으면 아플까? 왜 사람이 늙으면 치매까지 걸릴까? 왜 무릎도 약하게 되고 눈도 잘 안 보이고, 귀도 안 들리고, 손도 힘이 없고, 허리도 힘이 없고 왜 늙으면 약해질까?'

그러다가 감동이 왔습니다. 하나님께서 젊고 건강하여 자기를 믿고 살았던 사람들에게 죽기 전에 하나님을 믿으라는 기회를 주시는 것이 아닌가 하는 깨달음이 와서 하나님께 감사를 드렸습니다. 약해지면 더 이상 자신을 믿기는 어렵습니다.

병들고 약해진 부모님을 위해 다리를 주물러 드리고, 음식을 먹여 드리고, 어깨를 주물러 드리고, 머리를 빗겨 드리고, 옷을 입혀 드리고, 부축을 했습니다. 부모님을 섬기면서 하나님의 방법을 또하나 깨달았습니다. 하나님은 정말 우리 인간들을 사랑하시기에 우리가 복 받고 살기를 원하신다는 것입니다. 그 복을 받는 방법으로 부모님을 병들게 하고 늙게 하신다는 것입니다.

대부분 부모님이 병들고 늙으면 자녀들은 부모님에 대해서 섭섭한 마음이 있다가도 동정심이 생깁니다. 그래서 마지막에 효도를 하는 자녀들이 많습니다. 부모님을 섬김으로 우리가 복을 받게 하시려고 하나님은 부모님을 병들게 하십니다. 다시 말해서 부모님은 우리가 복을 받게 하는 삶을 살게 하시려고 병들고 늙으신다는 것입니다. 부모님을 공경하면 하나님은 약속을 지키시어 복을 주십니다.

부모님들은 우리를 낳아 주시고, 키우느라 일생 동안 공을 들이십니다. 그래서 육체뿐 아니라 마음고생도 많으셨는데 마지막에 늙어서도 병이 들어서 자녀들이 복을 받을 수 있는 통로로 쓰임 받으려고 아프십니다. 이 사실을 깨달았을 때 얼마나 울었는지 모릅니다. '부모님은 끝까지 희생하시는구나. 부모님은 자녀가 잘되기를 바라면서 끝까지 희생하시는구나'라는 생각 때문에 더욱 부모님의 소중함을 깨닫게 되었습니다.

하나님은 정말 우리 인간들을 사랑하시기에 우리가 복을 받고 살기를 원하십니다. 그 복을 받는 방법으로 부모님을 병들게 하고 늙게 하십니다. 부모님이 병들고 늙으면 자녀들은 부모님에 대해서 섭섭한 마음이 있다가도 동정심이 생깁니다. 그래서 마지막에 효도를 하는 자녀들이 많습니다.

## 부모 공경의 본을 보이신 예수님

"예수께서 함께 내려가사 나사렛에 이르러 순종하여 받드시더라…"(눅 2:51상).

예수님이 부모님과 같이 예루살렘에서 유월절 잔치를 마치고 나사렛으로 내려가셨습니다. 그리고 부모님에게 순종하셨습니다. 예수님은 사람의 몸을 입고 오셨지만 전능하신 하나님이십니다. 하나님이신 예수님이 인간 마리아와 인간 요셉에게 순종하셨습니다.

물론 마리아와 요셉은 훌륭한 사람이지만 사람이기 때문에 죄인입니다. 죄인인 그들에게 예수님이 순종하시면서 자녀가 부모님에게 순종해야 하는 것이 어떤 것인지를 본을 보여 주십니다.

지금 공경하고 순종을 하려고 해도 부모님이 안 계신 분이 계십니까? 부모님이 없으신 분은 부모님의 형제가 나의 부모입니다. 그래서 큰아버지, 큰어머니, 작은아버지, 작은어머니, 외삼촌, 외숙모, 이모, 이모부, 고모, 고모부 등 부모님의 형제들은 다 나의 부모님인 줄 알고 공경하고 섬기시면 됩니다. 육신의 부모도 부모지만 영혼의 부모도 부모입니다. 나를 전도한 사람, 교회에서 나를 돌보고 양육한 사람, 그리고 목자가 영적 부모입니다.

"늙은 여자에게는 어머니에게 하듯 하며… "(딤전 5:2상).

교회에서는 연세 드신 분들이 바로 우리의 어머니이고 아버지입니다. 그래서 그분들을 우리의 어머니와 아버지로 모시면 됩니다. 우리가 그분들을 섬길 때에 하나님은 부모님을 섬기는 것으로 여기시고 복을 주십니다. 부모님을 공경하고 섬김으로 복을 받습니다. 상식적으로도 그렇습니다. 부모님을 섬기는 사람은 망가지는 인생길을 가지 않습니다. 더욱이 하나님의 말씀이기에 부모님을 섬기는 사람은 반드시 복을 받습니다. 그 복이 넘치기를 바랍니다.

### 하나님의 복을 받는 비결 14

부모 공경은 십계명 가운데 첫 번째 약속이 보장되어 있는 계명입니다. 부모님께 순종하고 공경하면 네가 잘되고 땅에서 장수한다고 약속하셨습니다. 부모님뿐만 아니라 위임 권위자, 부모님의 형제, 영적인 부모까지 모두 공경하고 순종할 분들이십니다.

복 받는 자리 15

# 영혼을 사랑하라

우리는 왜 영혼을 사랑해야 합니까? 영혼을 사랑하는 방
법은 무엇입니까? 예수님을 믿기만 하면 누구든지 구원을
받는다는 복음을 전하는 것입니다.

"여호와께서 시온의 포로를 돌려 보내실 때에 우리는 꿈꾸는 것
같았도다 그 때에 우리 입에는 웃음이 가득하고 우리 혀에는 찬
양이 찼었도다 그 때에 뭇 나라 가운데에서 말하기를 여호와께서
그들을 위하여 큰 일을 행하셨다 하였도다 여호와께서 우리를 위
하여 큰 일을 행하셨으니 우리는 기쁘도다 여호와여 우리의 포로
를 남방 시내들 같이 돌려 보내소서 눈물을 흘리며 씨를 뿌리는
자는 기쁨으로 거두리로다 울며 씨를 뿌리러 나가는 자는 반드시
기쁨으로 그 곡식 단을 가지고 돌아오리로다"(시 126:1~6).

시편 126편에 "성전으로 올라가는 노래"라는 제목이 있습니다.

이스라엘의 성전은 예루살렘에 있었는데 해발고도가 높습니다. 그래서 성전으로 올라가면서 사람들이 불렀던 노래라고 합니다.

이스라엘이 망해서 바벨론으로 포로가 되어 끌려갔습니다. 그런데 자기들의 힘을 가지고 독립을 한 것이 아니고, 다른 나라가 바벨론을 무너뜨림으로, 즉 완전히 하나님의 은혜로 이스라엘은 포로에서 해방이 되었습니다. 해방이 되어 고국으로 돌아왔습니다. 남의 나라에서 종살이를 하다가 자기 고향으로 돌아왔을 때 얼마나 기뻤겠습니까? 더군다나 그들이 사모하던 성전에서 예배를 드리기 위해 올라가면서는 말할 수 없이 기뻤을 것입니다.

어제까지 포로였는데 오늘은 자유의 몸이 되어 성전으로 예배드리러 올라갑니다. 너무 좋아 꿈꾸는 것 같아서 입에는 웃음이 가득합니다. 어떻게 남의 종살이를 하다가 하루아침에 해방이 될 수 있었습니까? 이스라엘이 힘을 키워서 독립한 것이 아닌데 하루아침에 해방된 것이 꿈만 같습니다. 하나님께서 하신 일로 알아서 하나님을 모르던 많은 나라도 하나님께서 하셨다고 고백했습니다. "여호와께서 이스라엘을 위하여 큰 일을 행하셨으니 우리는 기쁘도다"라고 노래를 부릅니다. 기쁘고 찬양이 나오고 미소가 나옵니다. 꿈같은 현실입니다.

이렇게 노래하다가 갑자기 "여호와여 우리의 포로를 남방 시내들 같이 돌려 보내소서"라는 기도를 합니다. 왜냐하면 자신들은 성전으로 올라가는데 아직 남아 있는 포로가 있기 때문입니다. 자신들은 1차로 귀환이 되었지만 나머지 포로가 남아 있는 상황이어서 미안했던 것입니다. 아직 동료와 가족들과 일행들이 포로로 붙잡혀 여전히 못 먹고, 못 자고, 못 입고, 심지어 예배도 드리지 못하고 고생하고 있기 때문입니다. 그래서 남아 있는 포로들을 구원시켜 달라는 기도를 하고 있습니다.

"눈물을 흘리며 씨를 뿌리는 자는 기쁨으로 거두리로다 울며 씨를 뿌리러 나가는 자는 반드시 기쁨으로 그 곡식 단을 가지고 돌아오리로다"(시 126:6).

이 말씀은 농사 짓는 이야기가 아닙니다. 울면서 씨를 뿌리는 농부는 없습니다. 농부는 추수 때 거둘 희망을 가지고 소망 중에 씨를 뿌립니다. 이 말씀은 먼저 해방된 사람들이 남아 있는 포로들을 생각하며 그들의 구원을 위해 하는 모든 것을 의미합니다. 우리는 아직 구원받지 못한 포로 된 남은 영혼들을 사랑해야 합니다. 어떻게 하는 것이 남은 영혼들을 사랑하는 것입니까? 씨를 뿌린다는 것은 구체적으로 무슨 말입니까?

### 씨를 뿌린다는 의미

첫째, 그들을 위하여 중보기도를 하는 것입니다.

우리는 구원받아 지옥에 가지 않고 천국으로 가지만, 우리 가족인 부모님, 자녀, 형제, 친척, 친구, 직장 동료, 이웃들이 아직 구원을 받지 못하고 있다면 어떻게 해야 합니까? 먼저 그들을 위해 기도해야 합니다. "하나님, 우리를 위하여 큰 일을 행해 주셨는데 이제 우리의 남은 포로들을 꼭 구원해 주세요"라고 기도해야 합니다. 그들 뒤에 있는 미혹의 영들과 자신이 가지고 있는 세상의 이론들을 묶어야 합니다. 주님은 강한 사람을 먼저 결박해야 그 뒤에 있는 세간들을 빼 올 수 있다고 말씀하셨습니다.

> "사람이 먼저 강한 자를 결박하지 않고는 그 강한 자의 집에 들어가 세간을 강탈하지 못하리니 결박한 후에야 그 집을 강탈하리라"
> (막 3:27).

이것은 믿지 않는 이웃들을 위하여 중보기도 하는 것을 의미합니다. 중보기도를 할 때 잡아야 할 말씀들이 있습니다.

> "이르되 주 예수를 믿으라 그리하면 너와 네 집이 구원을 받으리라 하고"(행 16:31).

바로 이 말씀을 붙잡아야 합니다. 주 예수를 믿으면 반드시 내 집은 구원을 받습니다. 이 말씀을 잡고 기도하되, 구원받은 가족들의 모습을 믿음으로 바라보아야 합니다.

> "믿음은 바라는 것들의 실상이요 보이지 않는 것들의 증거니 선진

들이 이로써 증거를 얻었느니라"(히 11:1~2).

## 믿음을 가지고 바라보면 이루어진다

하나님의 은혜로 하나님과 거리가 멀었던 제가 저희 집에서 제일 먼저 예수님을 믿게 되었습니다. 그리고 하나님의 은혜로 제가 주님을 영접한 지 한 달 후에 아내도 처가에서는 제일 먼저 예수를 믿게 되었습니다. 가족들을 전도할 때 반대가 심했습니다. 특히 저희 부모님은 조상을 따라 지옥에 가겠다고 하시면서 전도를 하면 화를 내셨습니다. 너무 화를 내셨기 때문에 전도할 수가 없었습니다.

그런데 이 말씀을 잡고 바라보며 기도할 때에 정말 예수님을 믿기를 그렇게 거부하시던 아버지가 주님께로 돌아오시게 되었습니다. 심지어 한국에 계신 큰아버지와 작은아버지께 전도 편지를 쓰시는 모습을 보게 되었습니다. 점점 형제와 가족들이 주님께로 돌아오게 되었습니다.

그리고 처가도 한 사람씩 돌아오게 되었습니다. 저에게 별나게 믿지 말라고 말씀하시던 장인 어른은 선교사로 사역하시다가 소천하셨고, 저에게 지옥에 가서 전도하면 손님이 많을 것이라고 놀리던 큰처남은 목사가 되어 아프리카에서 선교를 하고 있습니다. 목사가 된 작은처남도 사역을 하며 아주사(캘리포니아 주에 위치한 도시)에서 미국 신학대학 교수로 후배 사역자들을 가르치고 있습니다. 부족한 제가 한 것은 "주 예수를 믿으면 내 집은 구원받는다"는 말씀을 붙잡고 바라보며 기도한 일뿐인데 주님께서 역사하셨습니다.

'집'이라고 하는 말은 헬라어로 '오이코스'입니다. 이 단어는 단순히 가족만을 의미하지는 않습니다. 밥을 같이 먹는 식구 또는 옆집 사람, 같이 일하는 동료, 친구들을 의미하기도 합니다. 그런데 같이 밥을 먹는다고 다 집이 되는 것은 아닙니다. 내가 눈물 뿌려 기도할 때 그 영혼이 내 집이 됩니다. 내 친구이든 친척이든 직장 동료이든 내 식구이든 내가 눈물 뿌려 기도하는 사람이 나의 집인 것입니다. 그 사람은 반드시 열매를 거둔다고 약속하고 계십니다.

### 영혼을 사랑하면 전도한다

둘째, 전도하는 것입니다.

눈물로 씨를 뿌리는 것은 복음을 전하는 것입니다. 반드시 이 씨는 열매를 거둡니다. 전도에는 실패가 없습니다. 내가 심으면 당장은 거두지 못할지라도 누군가가 나중에 거둡니다.

"누구든지 주의 이름을 부르는 자는 구원을 받으리라 그런즉 그들이 믿지 아니하는 이를 어찌 부르리요 듣지도 못한 이를 어찌 믿으리요 전파하는 자가 없이 어찌 들으리요 보내심을 받지 아니하였으면 어찌 전파하리요 기록된 바 아름답도다 좋은 소식을 전하는 자들의 발이여 함과 같으니라"(롬 10:13~15).

'누구든지'라는 말은 그가 과거에 어떠한 삶을 살았고, 현재에는 어떠한 삶을 살던 간에 남녀노소, 빈부귀천을 막론하고 예수의 이름을 부르기만 하면 구원을 얻는다는 의미입니다.

누구든지 예수의 이름을 부르기만 하면 구원을 얻는데 저희가 믿지 않는 분을 어떻게 부르겠습니까? 믿어야지 부를 수 있습니다. 그런데 들어 보지도 못한 분을 어떻게 믿겠습니까? 전파하는 사람 없이 어떻게 듣겠습니까? 그래서 우리는 예수님을 전해야 합니다. 그들이 듣고 믿기만 하면 그들은 구원을 받습니다. 우리가 전해야 하는 이유가 여기에 있습니다.

"보내심을 받지 아니하였으면 어찌 전파하리요"라고 하십니다. 교회는 성도들에게 예수님을 전하라고 가르칩니다.

"기록된 바 아름답도다 좋은 소식을 전하는 자의 발이여 함과 같으니라"(15절)에서 아름다운 발은 바로 좋은 소식을 전하는 자의 발이라고 했습니다. 하나님이 보실 때 아름다운 발은 좋은 소식을 전하는 사람의 발입니다.

하나님이 보실 때 아름다운 발은 사람과 사람, 사람과 하나님 사이에 평화를 전하는 발입니다. 구원의 복된 소식을 공포하고 하나님이 다스리시고 통치하시니 평안하리라고 선포하는 발입니다.

"좋은 소식을 전하며 평화를 공포하며 복된 좋은 소식을 가져오며 구원을 공포하며 시온을 향하여 이르기를 네 하나님이 통치하신다 하는 자의 산을 넘는 발이 어찌 그리 아름다운가"(사 52:7).

"하나님과 우리가 평화롭게 살 수 있다"는 것은 정말 좋은 소식입니다. 그 구원을 공포하는 사람은 아름다운 사람입니다. 복된 소식을 전하는 그 발이 아름답습니다. 하나님의 백성들을 향하여 내 하나님이 통치하신다고 전하는 소식이 기쁜 소식입니다.

하나님이 보실 때 아름다운 발은 사람과 사람, 사람과 하나님 사이에 평화를 전하는 발입니다. 구원의 복된 소식을 공포하되 마귀, 세상, 죄, 지옥, 질병, 나쁜 습관과 모든 잘못된 인간관계에서 구원을 공포하며, 하나님 백성에게 말씀하기를 하나님이 다스리시고 통치하시니 평안하리라고 선포하는 발입니다.

전도를 하다 보면 어려움을 겪을 수 있습니다. 산을 넘어갈 수도 있습니다. 무시를 당하기도 하고 욕을 먹기도 합니다. 맞기도 하고, 옥에 갇히는 경우도 있습니다. 심지어 목숨을 잃는 경우도 있습니다. 그러나 그 발이 아름답고 복된 발이라고 주님은 말씀하십니다.

한국이나 미국에서 태어나서 사는 사람들은 전도하다가 어려움을 겪는다는 것이 무슨 뜻인지 경험하지 못한 분들도 계시겠지만, 아직도 세계 많은 나라에는 전도의 어려움이 많습니다. 공산주의 국가를 비롯하여 회교국가, 힌두교 지역, 불교 국가 등 아직도 많은 나라가 복음을 전하면 어려움을 당합니다. 그럴지라도 하나님은 복음을 전하기 위해 산을 넘는 발이 아름답다고 말씀하십니다.

## 영혼을 돌보라

셋째, 돌보는 것입니다.

씨를 뿌리면 돌보아야 합니다. 돌보지 않으면 새가 와서 먹어 버리고, 물이 없어서 타서 죽고, 물이 많으면 떠내려가기도 합니다. 기도하고 전도한 다음에는 힘을 다하여 그 영혼을 돌봐야 합니다. 아기를 낳은 다음에 그냥 던져 놓으면 아기는 죽습니다. 아기는 절대로 혼자 살지 못합니다. 젖을 먹이고, 기저귀를 갈아 주고, 씻어주어야 합니다. 그리고 때가 되면 가르치는 등 아기를 계속 돌볼 때성장할 수 있습니다. 이 돌봄이 얼마나 중요한지 모릅니다.

영적으로도 마찬가지입니다. 영적으로 죽었다가 다시 산 사람, 즉 거듭난 사람을 정말 잘 돌보아야 합니다. 교회에 새로 나온 사람을 잘 돌보아야 됩니다. 아기를 낳는 것도 중요하지만 키우는 것은 더 중요한 일입니다. 그래서 우리는 거듭난 영혼들을 잘 돌보아야 합니다.

예수님은 요한복음 21장에서 베드로에게 말씀하십니다.

주님을 사랑하는 사람들은 주님께서 목숨을 주시기까지 사랑하신 영혼들을 사랑합니다. 영혼을 사랑하면 그 영혼을 위하여 기도하며 전도합니다. 지옥에 가게 두는 것은 사랑이 아닙니다.

"네가 나를 사랑하면 이 어린양들을 잘 먹이라. 네가 나를 사랑하면 이 양들을 잘 돌보아주어라. 네가 나를 사랑하면 이 양들을 잘 먹이라. 어린양은 어린 대로 우유를 먹이고, 크면 단단한 식물을 먹이면서 양들을 잘 돌보라".

영혼을 사랑하면 잘 먹이고 잘 돌보아야 합니다. 주님을 사랑하는 사람들은 주님께서 목숨을 주시기까지 사랑하신 영혼들을 사랑합니다. 영혼을 사랑하면 그 영혼을 위하여 기도하며 전도합니다. 지옥에 가게 두는 것은 사랑이 아닙니다. 아이가 차 뒤에 있는데 그 아이를 보지 못하고 아이를 향해 후진하는 차를 보면서 가만히 있는 사람은 정상이 아닙니다. 차를 멈추라고 소리를 지르고 달려가서 아이를 빼내야 합니다. 죽을 수도 없는 지옥, 나올 수도 없고, 영원히 고통 가운데 사는 곳이 지옥이라고 주님은 말씀하셨습니다. 영혼을 사랑하면 그냥 지옥에 가게 두지 않습니다. 복음을 전합니다. 예수님을 믿기만 하면 누구든지 구원을 받기 때문에 전도합니다.

## 영혼을 사랑한 사람들이 받는 축복

"지혜 있는 자는 궁창의 빛과 같이 빛날 것이요 많은 사람을 옳은 데로 돌아오게 한 자는 별과 같이 영원토록 빛나리라"(단 12:3).

지혜 있는 사람은 궁창의 빛과 같이 빛나고, 많은 사람을 옳은 데로 즉 예수님께로 인도하고 그들을 양육시킨 사람, 영혼을 사랑한 사람은 별과 같이 영원토록 빛난다고 약속하십니다.

우리는 이 땅에서 영원히 사는 것이 아니라 하늘나라에서 영원히 삽니다. 그러므로 많은 사람을 옳은 데로 돌아오게 하기 위하여 기도하고, 전도하고, 양육하여 별과 같이 영원토록 빛나는 삶을 살아야 합니다. 그것이 눈물로 씨를 뿌리는 것입니다. 그리고 이것이 복된 삶이라고 말씀하십니다. 뿐만 아니라 우리가 그의 나라와 그의 의를 먼저 구할 때 하나님은 모든 것을 더하신다고 약속하셨습니다.

"그런즉 너희는 먼저 그의 나라와 그의 의를 구하라 그리하면 이모든 것을 너희에게 더하시리라"(마 6:33).

이 땅의 모든 나라는 결국 다 없어집니다. 내가 만드는 나의 나라도 다 없어집니다. 오직 하나님의 나라만 영원합니다.

하나님의 일을 구해야 합니다. 하나님의 일이란 하나님께서 죽기까지 사랑하신 사람을 구하는 것입니다. 기도하고, 전도하고, 돌보는 것입니다. 그것은 내 의로 하는 것이 아니고 예수님의 의로만 가능합니다. 사람은 예수님의 의로만 구원을 받습니다. 그의 나라와 그의 의를 먼저 구하여 이 땅에서 모든 것이 더해지는 삶을 살고, 하늘나라에서 빛나는 생명의 면류관을 받고 빛나는 상급을 받는 삶이 얼마나 복된 인생입니까? 이런 삶이 바로 지혜 있고 복이 있는 삶이라고 성경은 말하고 있습니다.

## 하나님의 복을 받는 비결 15

우리는 먼저 믿은 사람으로서 복음에 빚진 자입니다. 빚진 자로써 믿지 않는 자들을 위해 중보하고, 복음을 전해야 하며, 돌보아야 합니다. 이런 삶이야말로 지혜 있고 복이 있는 삶입니다.

# 선교에 동참하라

양화진에 있는 선교사들의 묘지에 가 보면 4대가 나란히
묻혀 있는 묘가 있습니다. 우리는 이 땅에 뼈를 묻은 선교
사들에게 빚진 사람들입니다.

"하나님이 세상을 이처럼 사랑하사 독생자를 주셨으니 이는 그를
믿는 자마다 멸망하지 않고 영생을 얻게 하려 하심이라"(요 3:16).

이 말씀은 많은 사람들이 알고 있는 말씀인데, 저는 읽을 때마다
마음이 뭉클해지고 감사가 넘칩니다. 하나님께서는 죄인인 인간들
과 그 인간들이 살고 있는 이 세상을 하나밖에 없는 독생자 예수님
을 이 땅에 보내시기까지 사랑하셨습니다. 예수님은 십자가에서 우
리의 죄를 다 짊어지고 죽으셨습니다. 그리고 장사한 지 사흘 만에
부활하셨습니다. 이 예수님을 믿기만 하면 멸망당하지 않고 영원한
생명을 얻게 하셨습니다.

예수 믿으면 영생을 얻고, 예수 믿지 않으면 멸망을 당합니다. 예수 믿지 않는 사람은 예외 없이 다 멸망을 당할 수밖에 없습니다. 멸망당하는 영혼들은 이 세상에서 사람이 사는 의미를 알지 못하고 살아갑니다. 인생의 의미를 모르고, 자신이 어디서 와서 왜 살다가 어디로 가는지 모르고 방황하며 살아갑니다. 많은 사람들은 고통 가운데 살다가 생을 마감하면 지옥으로 갑니다. 그 영혼들이 얼마나 불쌍한지 모릅니다.

## 하나님의 부탁

"곧 하나님께서 그리스도 안에 계시사 세상을 자기와 화목하게 하시며 그들의 죄를 그들에게 돌리지 아니하시고 화목하게 하는 말씀을 우리에게 부탁하셨느니라"(고후 5:19).

하나님이 예수 그리스도 안에 계시사 세상을 자기와 화목하게 하신다고 하셨습니다. 하나님은 거룩하시고, 세상 사람들은 죄인이기 때문에 하나님을 만날 때에 사람은 멸망당할 수밖에 없습니다. 그래서 하나님께서 예수 그리스도 안으로 들어오셨습니다. 예수님 안에 들어오시면서 세상을 자기와 화목하게 하셨습니다. 그래서 예수님 안에서 하나님을 만날 때에 사람은 안전합니다. 하나님께서 예수님 안에 계시사 세상을 자기와 화목하게 하시며 저희의 죄를 저희에게로 돌리지 않으셨습니다. 왜냐하면 예수님이 짊어지셨기 때문입니다.

그리고 화목하게 하는 말씀을 우리에게 부탁하셨습니다. 하나님이 예수 그리스도 안에 들어가 계시니 다른 사람들에게 예수님 안에 들어오라고 말하라고 부탁하십니다. 예수님 안에서 하나님을 만나야 심판과 멸망을 당하지 않으며 지옥에 가지 않는다고 말하라고 부탁하십니다. "하나님께서 인생들과 화목하고 싶으시고 친하고 싶으시고 좋은 관계로 같이 있고 싶으시다"라고 전하라고 부탁하십니다. 하나님의 부탁을 외면하지 마시기 바랍니다.


## 하나님의 명령

"또 이르시되 너희는 온 천하에 다니며 만민에게 복음을 전파하라 믿고 세례를 받는 사람은 구원을 얻을 것이요 믿지 않는 사람은 정죄를 받으리라"(막 16:15~16).

하나님이 먼저 믿은 사람들에게 명령을 하셨습니다. 너희는 온 천하에 다니며 그 사람이 회교든 불교든 힌두교든 무신론자든, 잘 살든 못 살든, 부자이든 가난한 사람이든, 권력을 가졌든 못 가졌든, 늙었든 젊었든지 간에 따지지 말고 모든 사람들에게 복음을 전파하라고 명령하십니다. 왜냐하면 예수님을 믿고 세례를 받는 사람은 구원을 얻을 것이고, 예수를 믿지 않는 사람은 무조건 정죄를 받기 때문입니다.

아무리 법 없이 착하게 사는 사람이라 할지라도 믿지 않는 사람은 정죄를 받습니다. 정죄를 받으면 죄가 없는 사람은 한 명도 없고 죄는 그 대가를 치러야 하는데 그것은 죽음입니다. 하나님과 분리되어 지옥에서 영원히 사는 것입니다. 그래서 온 천하에 다니며 복음을 전파하라고 명령하십니다. 우리는 가서 전파하든지 아니면 보내서 전파하든지 해야 합니다.


## 복음에 빚진 사람으로 마땅히 해야 할 일

"헬라인이나 야만인이나 지혜 있는 자나 어리석은 자에게 다 내가 빚진 자라 그러므로 나는 할 수 있는 대로 로마에 있는 너희에게도 복음 전하기를 원하노라"(롬 1:14~15).

사도 바울 당시 헬라인은 똑똑한 사람들이었습니다. 그래서 헬라인을 제외한 나머지는 다 야만인이라고 말했습니다. 바울은 헬라인이나 야만인에게나 지혜 있는 사람이나 어리석은 사람에게나 다 빚진 사람이라고 고백했습니다. 이 말은 모든 사람에게 빚진 사람이라는 말입니다. 왜 바울은 빚진 사람이라고 말했습니까? 하나님 아버지는 우리를 위하여 가장 귀한 아들 독생자 예수님을 이 땅에 보내 주셨습니다.

아프리카에 있을 때 이 말씀을 뼈저리게 실감하던 때가 있었습니다. 초등학교 3, 4학년인 아이들을 선교사 자녀 기숙사 학교에 보냈습니다. 처음에 선교지로 가서 뭘 모르고 우리와 떨어졌던 아이들은 한 학기를 보내며 고생을 많이 했던 것 같습니다. 한 학기를 마치고 한 달 동안의 방학은 아이들과 부모인 우리에게 큰 선물이었습니다. 그러나 개학날이 다가오자 아이들은 부모를 떠나 다시 기숙사로 들어가야 한다는 사실에 매우 힘들어했습니다.

개학날이 다가와 우리는 학교에 가기 싫다는 아이들을 겨우 달래 다시 학교로 데리고 갔습니다. 큰딸인 윤희를 먼저 여학생 기숙사에 내려 준 후에 유진이를 데리고 남학생 기숙사로 향했습니다. 그리고 차 안에서 인사도 하지 않고 기숙사 안으로 뛰어 들어가는 윤희의 모습에 대해 아들 유진이와 이야기를 나누었습니다.

"유진아, 누나 참 이상하다. 아빠가 가는 모습을 보고 손을 흔들며 인사를 해야지 그냥 들어가 버리네. 누나는 너무했다. 그치?"

아빠의 말에 유진이는 이상하다는 듯이 물어봤습니다.

"아빠는 정말 몰라?"

"뭘?"

"우리는 아빠가 가는 모습 보면 마음이 슬퍼. 그래서 누나는 우는 모습 보이지 않으려고 그냥 들어가는 건데, 아빠는 그것도 몰라?"

"…."

그 날 저는 아이들을 내려 주고 차를 타고 오면서 혼자 울면서 기도했습니다.

"하나님, 하나님께선 저를 선교사로 부르셨지 아이들을 선교사로 부르신 것이 아니지 않습니까? 저만 고생을 시키시지 왜 아이들이 이 고생을 합니까? 아이들을 희생시켜가며 하는 선교입니다. 그러니 이 선교 사역만큼은 꼭 성공시켜 주셔야 합니다. 그리고 아이들에게 다 복으로 갚아 주세요."

협박인지 기도인지 저는 그렇게 울면서 하나님께 아뢰고 있었습니다. 그러자 하나님의 음성이 제 내면에 들려왔습니다.

"승훈아, 너 지금 네 아들이 죽었니?"

저는 깜짝 놀라 대답했습니다.

"예? 아니오, 죽지 않았습니다."

"그래, 그럼 그 아들을 어떻게 했니?"

"예, 기숙사에 두고 오는 길입니다."

"기숙사에는 왜 두었니?"

"공부하라고요."

"그래, 아들이 죽은 것도 아니고 공부하라고 기숙사에 두고 오면서 왜 그렇게 난리니? 그리고 그 아들이 네 아들인 줄 아느냐?"

"네?"

"그 아들은 내 아들이다. 그런데 내가 내 아들을 보살피지 않겠느냐?"

하나님의 그 음성에 저는 우리를 향하신 하나님 아버지의 사랑을 너무도 뭉클하게 느낄 수 있었습니다. 하나님께서는 계속해서 말씀하셨습니다.

"승훈아, 그리고 나는 너를 너무도 사랑해서 내 아들을 십자가에서 죽게 했단다. 나는 그 순간을 차마 볼 수 없어서 고개를 돌렸고, 그때 세상은 잠시 캄캄해진 거란다. 승훈아, 너는 내가 너를 얼마나 사랑하는지 알겠니?"

저는 하나님의 그 음성에 통곡을 했습니다. 아들을 희생시키면서까지 우리를 살리셔야 했던 하나님의 사랑! 십자가에 못 박히는 아들을 차마 볼 수 없었던 하나님 아버지의 그 마음! 그래서 저는 하나님께 이런 고백을 드렸습니다.

"하나님, 하나님의 그 사랑 평생 잊지 않고 살겠습니다. 그 사랑 안에서 살면서 이 생명 다하는 날까지 그 사랑을 전하겠습니다"라고 말입니다. 우리는 하나님 아버지께 빚진 사람입니다.

예수님은 거룩하신 영광의 하나님이신데 인간의 몸을 입고 이 땅에 오셔서 우리의 죄를 짊어지고 십자가에서 고통당하시고 죽으셨습니다. 조롱과 수모와 마음의 고통과 배반을 당하시고, 영적으로는 하나님과 분리가 되셨습니다. 우리의 죄를 짊어지셨기 때문에 하나님과 분리가 되었습니다. 우리는 천국에 가면 완전한 부활체가 되지만 영원한 당신의 형상을 망가뜨리신 예수님이십니다. 사도 요한은 어린양을 볼 때 일찍 죽임을 당한 것 같다는 말을 합니다. 나 같은 죄인을 위하여 완전하신 형상을 영원히 망가뜨리신 예수님이시기 때문에 우리는 예수님에게 빚진 사람입니다.

그런데 하나님이 그 예수님을 다시 살리셨습니다. 그래서 예수님은 부활하시고 승천하신 후 우리에게 성령님을 보내 주셨습니다. 우리가 예수님을 영접하면 성령님이 우리 안에 들어오십니다. 죄인 안에 성령 하나님이 들어오셨습니다. 우리는 거듭났지만 성령님을 기쁘시게 하는 것은 얼마이고, 근심시켜 드리는 것은 얼마입니까? 성령님이 구속의 날까지, 즉 천국 가는 그날까지 부족한 우리와 함께 계십니다. 우리는 성령님에게도 빚진 자입니다. 그래서 우리는 성부, 성자, 성령 하나님께 빚진 사람입니다.

저는 한국에 가서 양화진에 있는 선교사들의 묘지를 방문한 적이 있습니다. 젊은 나이에 한국에 와서 복음을 전하다가 병이나 사고로 죽은 선교사들의 무덤을 보았습니다. 선교사들의 어린 자녀들의 묘도 있었습니다. 백여 년 전에 한국의 삶은 정말 어려웠습니다. 너무너무 힘든 환경이었는데 그들은 알지도 못하는 한국 사람들에게 복음을 전하기 위해 왔습니다. 서양 귀신이라고 환영받지 못했습니다. 박해당하고 조롱당하면서 복음을 전하다가 병에 걸리거나 사고로 죽었습니다. 그러면 자녀들이 또 은혜를 받아서 아버지의 뒤를 이어서 선교하러 한국에 나왔습니다. 그리고 그가 죽고 그 아들이 또 선교사가 되고 그 아들이 또 선교사가 되어 4대가 나란히 묻혀 있는 묘를 보았습니다. 그 선교사들은 우리하고 아무 상관도 없는 사람들입니다. 그 묘지 비석들에 적혀 있는 사연들을 보면서 우리가 이분들에게 빚진 사람이라는 생각을 했습니다.

저는 저를 전도했던 사람들을 박해했습니다. 그들을 무시하고 조롱했습니다. 지금은 얼굴이 화끈거리고 미안한 마음이지만 그 때는 몰랐습니다. 우리는 우리를 위하여 눈물로 기도하고 헌신적으로 전도한 성도들에게 빚진 사람입니다. 그들은 기도하면서 또한 수모를 감수해 가면서 시간을 드리고, 물질을 들여 우리에게 복음을 전해 주었습니다.

뿐만 아니라 우리는 믿지 않는 다른 나라 사람들에게도 빚진 사람들입니다. 복음은 우리에게 오기 위하여 다른 곳으로 가지 못했습니다. 복음은 사람이 전해야만 옵니다. 한국에 오기 위하여 그 선교사는 베트남에 가지 못한 것입니다. 나에게 오기 위해 다른 사람에게는 가지 못한 것입니다.

또한 먼저 하나님을 믿은 사람들과 교회가 본을 보여야 하는데 본을 보이지 못해서 하나님께 나오지 못하는 사람들의 모습을 봅니다. 그래서 우리는 믿지 않는 사람들에게 빚진 사람입니다. 왜냐하면 그들이 지옥에서 영원히 살아야 하기 때문입니다. 그래서 모든 사람에게 빚진 자라고 고백하는 바울은 "그러므로 나는 할 수 있는 대로 로마에 있는 너희에게도 복음 전하기를 원하노라"라고 말합니다.

복음을 전하는 것은 바울뿐 아니라 믿는 모든 사람에게 주신 사명이고 또 부탁입니다. 빚진 사람

> 복음은 우리에게 오기 위하여 다른 곳으로 가지 못했습니다 복음은 사람이 전해야만 옵니다. 한국에 오기 위하여 그 선교사는 베트남에 가지 못한 것입니다. 나에게 오기 위해 다른 사람에게는 가지 못한 것입니다.

이기 때문에 우리가 마땅히 해야 하는 일입니다. 뿐만 아니라 영혼들이 불쌍하기 때문에 우리가 복음 전하기에 힘써야 합니다. 복음을 전할 때에 같은 문화권 내에서 전하는 것을 '전도'라고 하고, 문화가 다른 곳에 전하는 것을 '선교'라고 합니다.

## 나가는 선교사가 되어라

"그런즉 그들이 믿지 아니하는 이를 어찌 부르리요 듣지도 못한 이를 어찌 믿으리요 전파하는 자가 없이 어찌 들으리요"(롬 10:14).

즉 전하는 자가 없이 어떻게 믿겠느냐는 예수님의 애통함 때문에 우리는 가야 합니다. 선교에 대한 감동을 받았습니까? 선교에 대한 명령을 받았습니까? 감동받은 사람은 마땅히 순종하고 가야 합니다. 어떤 사람은 상황을 재다가 나가지 못하는데 선교는 재는 것이 아닙니다. 선교란 그저 단순히 순종하고 나가기만 하면 하나님이 모든 것을 다 예비하시고 기다리신다는 것을 믿어야 합니다.

저는 정말 부족한 사람입니다. 그런데 아프리카에 가라는 감동을 받았습니다. 순종하고 갔더니 하나님이 모든 것을 예비하시고 기다리고 계셨습니다. 감동받은 사람은 두려워하지 말아야 합니다. 아브라함은 갈대아 우르를 떠날 때에 하나님을 믿는 믿음 가지고 나갔습니다. 선교를 나가라는 감동 받은 사람은 간단합니다. 비행기

표를 사고 비행기를 타고 가면 됩니다. 그러면 하나님이 다 알아서 인도하십니다. 하나님은 살아 계셔서 믿음을 가지고 나아가는 사람들을 책임지십니다. 감동이 오면 순종하고 그냥 나가십시오.

그러나 하나님이 다 보내시지는 않습니다. 전부 나가면 어떻게 되겠습니까? 가는 사명을 가진 사람은 1%이고, 나머지 99%는 보내는 사명입니다. 그래서 우리 가운데 가는 선교사가 있고, 보내는 선교사가 있습니다. 보내는 선교사는 나간 선교사를 돕는 것입니다. 그러면 어떻게 선교사를 도울 수 있습니까?

### 보내는 선교사가 되어라

첫째, 보내는 선교사의 역할은 중보기도를 하는 것입니다.

"형제들아 우리가 아시아에서 당한 환난을 너희가 모르기를 원하지 아니하노니 힘에 겹도록 심한 고난을 당하여 살 소망까지 끊어지고 우리는 우리 자신이 사형 선고를 받은 줄 알았으니…"(고후 1:8~9상).

> 우리는 선교사들을 중보기도로 도울 수 있습니다. 선교사들을 위해 중보기도 하면서 영적 전쟁에서 승리하도록 돕습니다. 우리가 기도할 때에 선교사들이 승리합니다.

사도 바울은 아시아에서 당한 환난을 적어 고린도 교회에 편지합니다. 힘에 겹도록 심한 고난을 당하여 살 소망도 끊어지고 사형선고를 받은 것처럼 힘들었다는 내용입니다. 그러면서 고린도 교회에 부탁합니다. 11절에 "너희도 우리를 위하여 간구함으로 도우라 이는 우리가 많은 사람의 기도로 얻은 은사로 말미암아 많은 사람이 우리를 위하여 감사하게 하려 함이라"고 부탁했습니다.

바울은 "기도로 도우라"고 부탁하고 있습니다. 그러므로 우리는 선교사를 파송하고 선교사를 위하여 기도해야 합니다. 우리가 기도할 때에 선교사들이 힘 있게 복음을 전하고 은사를 받을 것입니다.

저도 선교지에 있을 때 이런 경험을 했습니다. 어느 날 너무 힘들어 지쳐 있을 때 소리가 들려왔습니다. 가만히 들어보니 그 소리는 성도님들이 기도하는 소리였습니다. 정말 우리를 위하여 기도하는 소리가 들려 얼마나 위로와 힘을 받았는지 모릅니다.

그리고 더 놀라운 일도 있었습니다. 제가 선교지에 있을 때 한 번은 집에서 대략 400km 떨어진 지역을 방문했습니다. 그런데 집으로 돌아오는 도중에 갑자기 차에 시동이 꺼졌습니다. 자동차 보닛을 열어 봤지만 어떻게 고쳐야 할지 대책이 없었습니다. 아프리카 사람들은 대부분 순하지만 나쁜 사람도 있어서 밤이 되면 어려움을 겪을 수 있습니다. 강도짓을 하거나 사람을 죽일 수도 있습니다. 선교사의 차나 지갑이나 시계를 빼앗으려고 죽일 수도 있습니다. 시체도 없애 버릴 수 있습니다. 이런 생각이 들자 날은 어두워지는데 마음이 답답하고 불안했습니다.

그런데 어떤 현지인이 지나가다가 오더니 차를 들여다보는 것입니다. '이 사람이 차를 알면 얼마나 알까? 나는 운전을 20년 넘게 했는데 차를 알아도 내가 알지. 자기가 무슨 운전이나 해 봤나' 하고 속으로 생각하며 별 기대 없이 있었습니다. 한참을 보던 현지인이 "이 부분에 전깃줄이 끊어진 것 같습니다"라는 말을 했습니다. 그리고 저보고 시동을 걸어 보라고 했습니다. 전깃줄이 끊어진 것은 눈으로 보이지 않습니다. 전깃줄은 차의 구석에 들어가 있는데 어떻게 전깃줄 끊어진 것이 보입니까? 잘 보이지도 않는데 끊어진 것인지 어떻게 알 수 있습니까? 저는 미심쩍은 마음을 가졌으나 현지인이 하라는 대로 시동을 거니까 시동이 걸리는 것입니다. 저는 얼마나 놀랐는지 모릅니다. 그래서 400km를 달려서 집으로 무사히 돌아올 수 있었습니다.

너무 감사해서 밤늦은 시간이었지만 하나님께 감사기도를 하고 누워 자려고 하는데 미국에 있는 집사님으로부터 전화가 왔습니다.

"목사님, 오늘 혹시 차에 무슨 문제가 없었나요?"

"아니 집사님, 어쩐 일이세요? 어떻게 아셨어요?"

"네, 새벽기도를 하는데 목사님에 대한 기도가 나와서 기도를 하는데 갑자기 하나님이 자동차에 대한 기도를 시키셨어요. 그래서 저는 자동차가 망가졌으면 천사를 보내서라도 고쳐달라고 기도했어요."

정말 그 순간에 소름이 쫙 끼쳤습니다. 그런데 그 현지인은 천사는 아닌 것 같습니다. 현지인에게 너무 고마워 2달러를 주었더니 고맙다고 하며 받아 갔습니다. 그러나 전깃줄이 끊어진 것은 기술자가 도구를 가지고 찾아도 한참을 찾아야 하는 것인데 현지인이 찾아내다니 지금 생각해도 실감 나지 않습니다. 이처럼 하나님은 선교사를 위해 중보하는 기도에 응답하십니다.

여호수아가 이스라엘 백성을 데리고 광야에서 아말렉 족속과 싸웁니다. 아말렉 족속은 광야에서 남들을 약탈하고 자주 전쟁하는 산적과 같은 집단들이었고, 이스라엘 백성들은 종살이를 하던 사람들입니다. 이스라엘 백성들은 군대가 아니었기 때문에 무기도 없고 오합지졸입니다. 아멜렉 사람들로 말하자면 싸우는 것에 이력이 나 있고, 무기가 있고, 빠른 사람들이고, 빼앗는 사람들입니다. 아말렉 족속이 공격하자 어찌할 바를 몰라 백성들이 여호수아를 바라봅니다. 지도자는 모세였지만 보이지 않고, 아론마저도 없습니다. 그러니 얼마나 답답합니까? 싸움 상대가 되지 않습니다.

그런데 어느 순간부터 이스라엘이 이기기 시작합니다. 무기는 고작 삽이나 몽둥이뿐인데 이기기 시작하는 것입니다. 돌멩이를 던지니 아말렉이 쓰러집니다. 그때 뒤를 보니 모세가 기도하고 있었습니다. 그런데 모세가 힘들어서 팔을 내릴 때는 밀리기 시작합니다. 그러나 모세가 다시 손을 들고 기도하면 이기기 시작합니다. 이때 하나님께서는 모세에게 말씀하셨습니다.

"모세야, 이 사건을 너희 자손들과 그 후손 대대로 귀에 들리어 외우게 하라."

여기에 중보기도에 대한 놀라운 비밀이 있습니다. 중보기도는 영적 전쟁에서 승리하도록 돕습니다. 우리가 기도할 때에 선교사들이 승리합니다. 기도가 얼마나 중요한지 모릅니다. 그래서 모세에게 중보기도를 시키신 하나님은 이것을 아주 외우도록 가르치라고 말씀하십니다. 우리는 선교사들을 중보기도로 도울 수 있습니다.

둘째, 보내는 선교사의 역할은 선교지를 방문하는 것입니다.

저는 선교지에 있을 때 사역 때문에 바쁘기도 하고 성격상 외로움을 타지 않았지만 아내는 많이 외로워했습니다. 일단 말할 사람이 없다는 것이 정말 힘든 점입니다. 이런 외로움 속에서 단기 팀들이 오면 너무 좋고 기쁩니다. 친정 식구를 만난 듯이 위로를 받습니다. 뿐만 아니라 실제로 사역에 도움을 탁탁 받아서 사역들이 열매를 맺고, 변화가 있어 부흥 성장하게 됩니다.

그리고 빼놓을 수 없는 감사는 단기 팀이 와서 먹다가 두고 가는 음식들이 얼마나 좋은지 모릅니다. 정겨운 누룽지, 미숫가루, 김, 라면 등. 그것들을 바라보기만 해도 석 달 동안 마음이 든든합니다.

선교지 방문은 해외에 단기선교로 참여할 수 있고, 국내에도 외국인 근로자, 양로원, 노숙자, 교도소, 고아원, 소년 소녀 가장 방문 등 마음만 있으면 얼마든지 참여할 수 있습니다.

셋째, 보내는 선교사의 역할은 물질로 후원하는 것입니다.

"너희를 지나 마게도냐로 갔다가 다시 마게도냐에서 너희에게 가서 너희의 도움으로 유대로 가기를 계획하였으니"(고후 1:16).

사도 바울은 고린도 교회에서 선교비를 받아 마게도냐를 다녀와서 유대로 가는 계획을 세웠다고 말했습니다. 우리의 물질 후원이 사역지에서는 얼마나 크게 쓰이는지 모릅니다. 돈 만 원(10달러)이 얼마나 큰 가치가 있는 줄 아십니까? 만 원 하는 약값이 없어 사람이 죽습니다. 만 원이 없어 사람이 굶어 죽습니다. 만 원 때문에 한 영혼이 하나님께로 돌아오고 그 가족들이 거듭나게 됩니다.

하나님을 믿지 않는 선교지에는 가난한 나라들이 너무 많습니다. 가난은 너무 힘들고, 괴롭고, 끔찍하다는 생각을 했습니다. 가난은 정말 무서운 것입니다. 하루에 한 끼도 못 먹는 사람이 수없이 많고, 국민 중 삼분의 일이 신발이 없어서 맨발로 살고 있습니다. 그러니 유리에 찔리고 못에 찔리고 가시에 찔립니다. 또 찔린 자리가 곪아서 퉁퉁 붓다가 다리가 썩기 시작합니다. 조금만 치료 받으면 절대로 다리를 못 쓸 일이 아닌데도 불구하고 가난한 나라에서는 다리를 못 쓰게 됩니다. 정말 안타까운 일이 아닐 수 없습니다.

그뿐입니까? 옷이 한 벌밖에 없어서 추운 겨울에 반팔을 입고 다니고, 여름에 스웨터를 입고 있습니다. 너무도 어렵고 힘들게 살고 있는 선교지 상황입니다. 우리가 그들에게 필요한 것을 나누어 주는 것은 얼마나 중요한 일인지 모릅니다. 죽고 사는 생명과 연관되어 있기 때문입니다. 하나님은 정말 주는 것을 기뻐하십니다. 우리가 후방에서 물질로 구제하며 선교에 참여해야 하는 이유가 한 생명을 가장 귀하게 여기시는 하나님의 뜻과 관련이 있기 때문입니다.

"구제를 좋아하는 자는 풍족하여질 것이요 남을 윤택하게 하는 자는 자기도 윤택하여지리라"(잠 11:25).

"… 줄 때에는 아끼는 마음을 품지 말 것이니라 이로 말미암아 네
하나님 여호와께서 네가 하는 모든 일과 네 손이 닿는 모든 일에
네게 복을 주시리라"(신 15:10).

하나님은 선교하고, 구제하는 사람을 기뻐하십니다. 미국에서
제일 부자는 빌 게이츠이고 그 다음 부자는 워렌 버핏입니다. 그 두
사람의 공통점은 구제를 많이 한다는 점입니다. 구제하려고 애쓸
때에 하나님이 그들을 부자로 만들어 주셨습니다. 구제할 때에 하
나님이 범사에 복을 부어 주신다고 성경에는 기록하고 있습니다.

"너희 중에 분깃이나 기업이 없는 레위인과 네 성중에 거류하는
객과 및 고아와 과부들이 와서 먹고 배부르게 하라 그리하면 네
하나님 여호와께서 네 손으로 하
는 범사에 네게 복을 주시리라"(신
14:29).

하나님은 선교하고, 구제하는
사람을 기뻐하십니다. 미국의
제일 부자는 빌 게이츠이고 그 다음
부자는 워렌 버핏입니다. 그 두 사람
의 공통점은 구제를 많이 한다는 점
입니다. 구제하려고 애쓸 때에 하나
님이 그들을 부자로 만들어 주셨습
니다.

"가난한 자를 보살피는 자에게 복이
있음이여 재앙의 날에 여호와께서
그를 건지시리로다"(시 41:1).

"이웃을 업신여기는 자는 죄를 범하는 자요 빈곤한 자를 불쌍히 여기는 자는 복이 있는 자니라"(잠 14:21).

"선한 눈을 가진 자는 복을 받으리니 이는 양식을 가난한 자에게 줌이니라"(잠 22:9).

"범사에 여러분에게 모본을 보여준 바와 같이 수고하여 약한 사람들을 돕고 또 주 예수께서 친히 말씀하신 바 주는 것이 받는 것보다 복이 있다 하심을 기억하여야 할지니라"(행 20:35).

그렇습니다. 구제는 하나님께서 기뻐하시는 사역입니다. 한번 입장을 바꾸어 생각해 보십시오. 여러분이 하나님이시라면 누구에게 물질의 복을 부어 주시겠습니까? 구제하는 사람입니다.

마지막으로, 보내는 선교사의 역할은 방문 중인 선교사를 돌보는 것입니다. 선교사가 본국을 방문했을 때 운전을 해 드린다든가 시간이 없으면 차를 빌려 드린다든가, 건강검진을 도와 드린다든가, 방을 하나 비워 숙박을 도와 드리는 일 등으로 돌보는 것입니다. 나갈 수는 없어도 이런 일들을 통해 도와드린다면 큰 도움이 될 것입니다.

## 보내는 선교사에게 임할 상급

"선지자의 이름으로 선지자를 영접하는 자는 선지자의 상을 받을
것이요 의인의 이름으로 의인을 영접하는 자는 의인의 상을 받을
것이요"(마 10:41).

우리가 선교사를 영접하고, 선교사를 후원할 때에 선교사가 받
는 상급을 우리도 똑같이 받는다고 약속하시는 말씀입니다.

다윗 시대에 만든 법에는 밖에 나가 전쟁한 사람과 안에 있던 사
람이 전리품을 똑같이 나누었습니다. 집을 지킨 사람이나 나가서
싸운 사람이나 다 공로가 있다는 것입니다. 오늘날도 마찬가지입니
다. 선교지에 나간 선교사나 뒤에서 선교사를 후원하는 등의 일로
보내는 사람이나 동일한 상급을 이 땅에서도 받고, 하늘나라에 올
라갈 때에도 받는다고 기록하고 있습니다.

선교에 참여하는 것은 하나님의 심정을 헤아려 드리는 것이고,
사명이고 축복이며, 하나님의 복을 받는 비결입니다. 더구나 우리
는 하나님에게도 믿는 자나 믿지 않는 자에게도 다 빚진 자가 아닙
니까? 빚진 자이기에 복음을 전하려는 데 주님은 복으로 갚아주신
다고 하십니다.

하나님의 부탁이자 명령이 바로 "온 천하에 다니며 만민에게 복을 전파하라"입니다. 우리는 복음에 빚진 사람으로서 나가는 선교사가 되든지, 보내는 선교사가 되어야 합니다. "하나님이 인생들과 화목하고 싶으시다"는 이 마음을 전하는 사람이 복을 받습니다.

# 봉사로 교회를 섬기라

잃은 양과 동전을 어떻게 찾을 수 있습니까? 예수님의 마음으로 전도하고 선교하면 됩니다. 또한 봉사로 성도 한 사람 한 사람이 성숙해져야 잃은 양과 어렵게 찾은 동전이 정착할 수 있습니다.

"모든 세리와 죄인들이 말씀을 들으러 가까이 나아오니 바리새인과 서기관들이 수군거려 이르되 이 사람이 죄인을 영접하고 음식을 같이 먹는다 하더라 예수께서 그들에게 이 비유로 이르시되 너희 중에 어떤 사람이 양 백 마리가 있는데 그 중의 하나를 잃으면 아흔아홉 마리를 들에 두고 그 잃은 것을 찾아내기까지 찾아다니지 아니하겠느냐 또 찾아낸즉 즐거워 어깨에 메고 집에 와서 그 벗과 이웃을 불러 모으고 말하되 나와 함께 즐기자 나의 잃은 양을 찾아내었노라 하리라 내가 너희에게 이르노니 이와 같이 죄인한 사람이 회개하면 하늘에서는 회개할 것 없는 의인 아흔아홉으로 말미암아 기뻐하는 것보다 더하리라 어떤 여자가 열 드라크마가 있는데 하나를 잃으면 등불을 켜고 집을 쓸며 찾아내기까지 부지런히 찾지 아니하겠느냐 또 찾아낸즉 벗과 이웃을 불러 모으고 말하되 나와 함께 즐기자 잃은 드라크마를 찾아내었노라 하리라 내가 너희에게 이르노니 이와 같이 죄인 한 사람이 회개하면 하나님의 사자들 앞에 기쁨이 되느니라"(눅 15:1~10).


## 잃은 양 한 마리의 비유

예수님 당시의 이스라엘 사람들은 세리를 미워했습니다. 그 당시의 세리는 오늘날 세무 공무원과는 일하는 방식이 다릅니다. 그 당시의 세리는 이스라엘 사람들에게 세금을 걷어 일부는 로마에 내고 나머지는 자신들이 가졌습니다. 우리나라로 말하자면 일제시대에 동족들의 돈을 모아서 일본에 갖다 바치는 그런 사람들이었습니다. 그래서 사람들은 돈밖에 모르는 매국노인 세리를 경멸하고 아주 싫어했습니다. 또한 남자들을 유혹하여 가정을 깨는 창녀를 죄인이라고 표현했습니다.

그런데 문제가 생겼습니다. 죄인 취급하여 같이 있기도 싫은 세리들과 창녀들이 말씀을 들으려고 예수님께 가까이 나오는 것입니다. 바리새인과 서기관들이 "예수님이 죄인을 영접하고 죄인들과 함께 음식을 먹는다"라고 말했습니다. 그러자 예수님이 "너희 중에 어떤 사람이 양이 백 마리가 있는데 보니까 한 마리를 잃어버려서 아흔아홉 마리밖에 없다. 그러면 아흔아홉 마리를 두고 그 한 마리

양을 찾아다니지 않겠느냐? 그러다가 찾으면 너무 기뻐서 어깨에 메고 집에 와서 그 친구들과 이웃들을 다 불러 모으고 말하기를 '나와 함께 즐기자. 내가 잃은 양을 찾았다' 하며 기뻐하지 않겠느냐?" 라고 비유로 말씀하셨습니다.

여기서 '잃은 양을 찾았다'는 것은 죄인 한 명이 회개하는 것입니다. 잃은 양은 죄인을 의미하는 것입니다. 잃은 양을 찾은 것은 죄인을 찾은 것입니다. 잃은 양 하나가 회개하면 하늘에서는 회개할 것이 없는 의인 아흔아홉으로 인하여 기뻐하는 것보다 더 기뻐한다고 말씀하셨습니다. 이건 무슨 말씀입니까? 결코 아흔아홉 명의 의인이 덜 기쁘다는 말이 아닙니다.

가령 자녀를 열 명 키우는 사람이 있는데 자녀 한 명이 집을 나갔습니다. 집을 나가서 밖에서 무슨 일을 하는지 모릅니다. 그 집에 아홉의 자녀가 있습니다. 아홉 명이 다 소중하지만 집 나갔던 자녀가 돌아왔을 때에는 아홉 명도 기쁘지만 집 나갔던 한 명 돌아온 것이 너무 기쁘다는 말입니다. 이미 하나님께 돌아온 아흔아홉 명이 기쁘지만 집 나갔던 한 명이 돌아올 때는 더 기쁘다는 말씀입니다.

또 어떤 여자에게 열 드라크마가 있습니다. 드라크마는 그리스의 화폐단위입니다. "열 드라크마 중에서 한 개를 잃어버리면 등불을 켜고 집을 쓸면서 부지런히 찾지 않겠느냐. 찾게 되면 벗과 함께 이웃을 불러서 말하기를 '나와 함께 즐기자. 내가 잃은 드라크마를 찾았다'고 말하며 기뻐하지 않겠느냐"고 주님은 비유로 말씀하셨습니다. 여기에서도 잃어버린 한 드라크마는 죄인을 의미합니다. 이 죄인이 회개하면 하나님이 너무 기뻐하시고 그 천사들도 기뻐한다는 것입니다.

### 잃은 양을 찾아야 하는 이유

잃은 양을 찾아야 하고 잃은 동전을 찾아야 합니다. 왜냐하면 하나님이 기뻐하시고, 천사들도 다 기뻐하기 때문입니다. 하늘의 기쁨이기 때문에 잃은 양을 찾아와야 합니다. 잃은 양은 혼자 있으면 무섭고 외롭습니다. 양은 남을 공격할 만한 능력이 없습니다. 남이 공격을 할 때에 도망갈 만한 능력도 없습니다. 개나 소는 멀리 갖다 놓아도 자기 집으로 돌아오고, 심지어 돼지도 돌아올 만한 능력이 있습니다. 그런데 양은 자기 집으로 돌아올 만한 능력이 없습니다. 또한 양은 다른 동물이 공격을 해 오면 빠르지도 않아서 도망갈 능력도 없습니다. 상대방과 싸워서 이길 만한 힘도 없습니다. 양은 혼자 있으면 살 방법이 없기 때문에 죽습니다. 그래서 길 잃은 양은 데리고 와야 합니다. 길 잃은 양을 꼭 찾아와야지 그냥 두면 죽습니다.

또 동전도 마찬가지입니다. 동전은 주인 손 안에 있을 때 가치가 있습니다. 잃어버린 동전은 아무 의미가 없습니다. 소파 속에 들어가 있고 방바닥에 굴러다니고 구석에 처박혀 있는 동전은 값어치가 없습니다. 심지어 금 동전이나 은 동전이라 하더라도 주인 손에 붙잡혀 있지 않으면 아무런 가치가 없습니다.

### 예수님의 심정으로 찾으라

말씀에 양이 돌아왔다든가 동전을 찾았다는 말은 모두 죄인이 회개했다는 의미입니다. 사람이 잃은 양이 되었을 때 인생의 의미를 알지 못합니다. 그런데 하나님을 만나지 못한 이 잃은 양을 찾아다니는 분이 계시는데 바로 예수님입니다.

잃은 양이 주인을 만나지 못했을 때는 쓸쓸히 죽어 갑니다. 위험 가운데 방치되어 살다가 죽어서 지옥에 갑니다. 잃어버린 동전을 의미하는 이 영혼은 주인의 손에 붙잡히지 않으면 인생의 가치를 모르고 의미 없이 살다가 잊혀집니다. 잃어버린 동전, 즉 잊혀진 동전은 아무 의미가 없고, 가치가 없습니다. 그래서 어린양과 주인 잃은 동전을 꼭 찾아야 됩니다.

그러면 어떻게 어린양과 잃은 동전을 찾을 수 있습니까? 바로 전도하며 선교하면 됩니다. 예수님의 심정으로 골짜기, 산, 들로 어린양을 찾아서 열심히 헤매는 것입니다.

여인은 교회를 의미합니다. 여인이 들고 있는 등불은 성령을 의미합니다. 성령과 교회가 하나가 되어 열심히 찾는 것입니다. 구석구석에 있는 먼지를 닦아내고 쓸면서 동전을 찾아야 합니다. 열심히 전도하며 선교해야 합니다. 전도와 선교는 바로 잃은 양과 잃어버린 동전을 찾는 것입니다. 그래서 전도하며 선교하는 사람은 복을 받습니다.

## 전도를 방해하는 것

그런데 이렇게 열심히 전도하는 것 못지않게 중요한 것이 있습니다.

전도할 때 많은 분들이 이런 이야기를 합니다. "저희 집안에도 가까운 친척이 선교사입니다. 저의 형님이 장로입니다. 저의 형수가 권사입니다. 저의 삼촌이 목사입니다. 그런데…".

그분들의 삶이 본이 되지 않아서 교회에 나가지 않는다는 이야기를 많이 합니다.

신문에 보면 교회가 싸우고 갈라지고 목사가 덕이 되지 않는 행동을 한 기사가 자주 납니다. 예수 믿는 사람이 성숙하지 않아서 전도가 되지 않는 경우가 많습니다. 안타깝게도 예수 믿는 사람이 본이 되지 않아 전도에 방해가 되는 경우가 참 많습니다. 성도들의 삶이 거룩하지 않고 온전하지 않아서 전도에 방해가 되는 경우가 많이 있습니다.

뿐만 아니라 교회가 성숙하지 않았을 때도 전도에 방해가 됩니다. 어렵게 교회에 나왔는데 누구 하나 아는 체도 하지 않고 너무 냉랭해 보입니다. 처음 나왔는데 옆에 있는 분이 아는 체도 하지 않고, 목사가 서로 인사를 하라고 시켜도 앞만 보고 있습니다. 인사를 먼저 해 보아도 인사를 받아 주지 않아서 마음이 불편합니다. 그리고 성도들이 주고받는 대화를 들으면서 실망하기도 합니다. 어떤 사람은 주차를 하면서 얌체같이 주차하는 성도들이 있어 마음이 상하는 경우도 있습니다. 또 화장실에 가 보니까 엉망진창인 모습에 눈살을 찌푸리게 되는 경우도 있습니다. 이처럼 어린양들이 교회 나와서 여러 가지로 불편한 마음을 가지게 되어 교회에 정착하지 못하는 경우가 있습니다.

## 전도에 방해가 되지 않으려면

그러면 어떻게 하면 되겠습니까? 어떻게 하면 성도들이 성숙해질 수 있습니까? 어떻게 하면 교회가 성숙해질 수 있습니까?

봉사가 바로 이 문제를 푸는 열쇠입니다. 어렵게 교회에 온 사람을 놓치지 말아야겠습니다. 적어도 우리가 전도에 방해가 되지는 말아야겠습니다. 그러려면 성도 한분 한분이 성장하고 성숙해야 됩니다. 그래서 교회가 온전히 세워져야 합니다. 성도 한 사람 한 사람이 성숙해져야 잃은 양이 정착합니다. 잃은 양이 교회를 떠나면 쓸쓸히 죽어 갑니다. 어렵게 찾은 동전이 다시 버림 받아 가치 없는 삶을 살다가 끝나는 것입니다. 그래서 성도가 성숙해지는 것이 굉장히 중요합니다. 왜냐하면 성도 한 사람 한 사람이 성숙할 때 교회도 성숙할 수 있기 때문입니다.

> 어렵게 교회에 온 사람을 놓치지 말아야겠습니다. 적어도 우리가 전도에 방해가 되지는 말아야겠습니다. 그러려면 성도 한분 한분이 성장하고 성숙해야 합 니다. 그래서 교회가 온전히 세워져야 합니다.

## 성숙해지는 비결은 봉사

그런데 성경은 어떻게 하면 성

도가 성숙할 수 있는지에 대한 비결을 말하고 있습니다.

"그가 어떤 사람은 사도로, 어떤 사람은 선지자로, 어떤 사람은 복
음 전하는 자로, 어떤 사람은 목사와 교사로 삼으셨으니 이는 성
도를 온전하게 하여 봉사의 일을 하게 하며 그리스도의 몸을 세우
려 하심이라"(엡 4:11~12).

예수님께서 어떤 사람은 사도로, 어떤 사람은 선지자로, 어떤 사
람은 복음 전하는 전도자로, 어떤 사람은 목사와 교사로 삼으셨는
데 그 이유는 성도를 온전하게 하며 봉사의 일을 하게 하며 그리스
도의 몸을 세우려 하심이라고 말씀하고 있습니다. 성도가 온전해지
는 것과 봉사의 일을 하는 것과 그리스도의 몸이 세워지는 것, 이 세
가지는 같이 가는 것입니다. 온전해진 다음에 봉사하려고 하면 안
됩니다. 어떻게 사람이 온전해질 수 있습니까? 이것은 불가능한 이
야기입니다.

가령 완전한 사람이 되어서 결혼을 하고 아이를 낳아야겠다는 사
람이 있다면 평생 아이를 낳을 수 없습니다. 아이를 낳아서 키우다
보면 어른이 되어가는 것처럼 봉사의 일을 하면서 성도가 온전해지
는 것입니다.

봉사의 유익
그러면 '봉사'의 뜻은 무엇입니까? 봉사는 의무로 하지 않는 것을

말합니다. 의무는 내가 꼭 해야 할 일을 말하기 때문에 책임과도 비슷합니다. 의무와 책임이 아니고 내가 꼭 하지 않아도 되는 일을 하는 것이 봉사입니다. 봉사를 할 때에 내가 성숙해집니다. 봉사할 때 내가 남을 도와준다는 생각을 하면 그것만한 기쁨이 없습니다. 남의 도움을 받을 때보다 남을 도와줄 때 더 기쁘도록 하나님이 우리를 만드셨습니다. 내가 도움을 받을 때 기쁠 것 같습니까? 물론 그때도 좋지만 내가 남을 도와줄 때는 더 보람되고 더 기쁩니다.

또한 봉사는 사람을 온전하게 만들 뿐만 아니라 봉사를 통해 그리스도의 몸인 교회가 세움을 받습니다. 교회가 온전해야 어렵게 온 어린양이 예수님을 만나게 되고, 동전이 주인을 만나게 됩니다. 교회가 온전하지 않으면 구멍이 여기저기 뚫립니다. 봉사는 나의 성숙을 위해서도 중요한데, 내가 성숙할 때 가정도 천국이 됩니다. 그러므로 봉사는 결국 나에게도 좋은 것입니다.

교회는 봉사를 통해 세워지는데, 교회가 세워질 때에 영혼들이 교회에 들어와서 하나님을 만나게 됩니다. 그래서 봉사는 기쁨이고 축복입니다. 뿐만 아니라 내가 봉사할 때에 하나님은 이 땅과 천국에서 놀라운 상급으로 채워 주십니다.

"또 누구든지 제자의 이름으로 이 작은 자 중 하나에게 냉수 한 그릇이라도 주는 자는 내가 진실로 너희에게 이르노니 그 사람이 결단코 상을 잃지 아니하리라 하시니라"(마 10:42).

냉수 한 그릇 갖다 주는 봉사를 할지라도 결단코 상을 잃지 아니하리라고 약속하고 계십니다. 이 땅에서 상을 받고 하늘나라에서 상을 받는다는 하나님의 약속입니다.

"심는 이와 물 주는 이는 한가지이나 각각 자기가 일한 대로 자기의 상을 받으리라"(고전 3:8).

어떤 사람은 심고, 어떤 사람은 물을 줍니다. 전도하는 사람이 있고, 양육하는 사람이 있습니다. 또 다른 일로 봉사하는 사람이 있는데 각각 자기가 일한 대로 자기의 상을 받는다고 약속하고 계십니다.

"그러므로 내 사랑하는 형제들아 견실하며 흔들리지 말고 항상 주의 일에 더욱 힘쓰는 자들이 되라 이는 너희 수고가 주 안에서 헛되지 않은 줄 앎이라"(고전 15:58).

우리가 하는 모든 봉사가 결코 헛되지 않고 열매를 맺게 해 주십니다. 그러니까 봉사는 봉사하는 사람에게 유익합니다. 봉사할 때 내가 상을 받고, 성숙해지고, 가정은 천국이 됩니다.

봉사는 정말 아름답습니다. 지

하나님은 사람들에게 각각 다른 은사와 재능을 주셨습니다. 혼자 하면 너무 힘들지만 같이 하면 쉽게 할 수 있고, 아름답게 더 잘할 수 있습니다. 모든 사람이 봉사하면 엄청난 일이 생깁니다.

역사회에 봉사하는 사람이 많으면 그 지역사회가 복되고 살기 좋은 곳이 됩니다. 내가 봉사함으로 잃은 양이 주인을 만나고, 잃은 동전이 주인의 손에 붙잡히게 됩니다. 그래서 봉사하는 것은 아주 중요합니다.

우리는 다 누군가의 봉사로 성장했습니다. 우리가 이미 받았기 때문에 이제는 갚을 때가 온 것입니다. 이제는 봉사를 해야 합니다. 내가 봉사할 때 교회가 세워진다는 이 사실이 얼마나 중요한지 아십니까?

요즘 미국의 신문이나 뉴스를 보면 매일 총기 사건이 일어나서 하루에도 몇 명씩 죽습니다. 미 전역에서 얼마나 많은 총기 사고가 있는지 모릅니다. 총기 사고의 원인은 너무도 간단합니다. 미국은 처음부터 총과 더불어 시작했습니다. 그러나 그들이 신앙심을 가지고 교회가 올바로 세워졌을 때는 총이 아무런 문제가 되지 않았습니다. 모든 사람이 총을 가지고 있었지만 아무 문제가 없었습니다. 마찬가지로 엄마가 칼을 가지고 있으면 그것은 음식을 만들 때 사용됩니다. 아이들을 위해서 봉사하고 가정을 위해서 섬기는 도구입니다. 그런데 강도가 칼을 가지고 있으면 칼은 무기로 변하여 사람을 죽입니다.

사람들이 교회를 떠나게 되면 그 총은 무기가 됩니다. 앞으로 사람들이 교회를 떠나는 일이 점점 큰 사회문제를 일으킬 것입니다. 사람들이 신앙을 떠나니까 지역사회와 심지어 국가도 점점 더 어려워지는 것입니다. 한 사람 한 사람이 봉사하는 것은 나를 위하여, 또 영혼들을 위해서, 주님의 몸된 교회를 위해서, 그리고 지역사회와 국가를 위해서 얼마나 중요한 일인지 모릅니다.

하나님은 각각 사람들에게 다른 은사와 재능을 주셨습니다. 혼자 하면 너무 힘들지만 같이 하면 우리가 쉽게 할 수 있고, 아름답게 더 잘할 수 있습니다. 그래서 모든 사람이 봉사하면 엄청난 일이 생깁니다.

### 일인 일사역 운동으로 봉사하자

간혹 자신이 맡은 교회 일이 너무 많아서 혼자 여기저기 사방을 뛰어다니며 일하는 분을 봅니다. 그럴 때 잘 모르는 사람은 "저 사람은 왜 이렇게 설쳐? 여기저기에 안 끼는 데가 없네?"라고 말할지도 모릅니다. 그런데 그 성도는 아무도 안 하니까 바쁜 것입니다. 여러 가지를 한 사람이 하다 보니까 일에 자꾸 구멍이 나기도 합니다. 그러면 힘이 빠지고 지치게 됩니다. 구멍이 나고 뚫리면 잃은 양과 동전이 주인을 만나지 못하게 됩니다.

그래서 교회에서는 일인 일사역 운동을 해야 합니다. 일인 일사역 운동은 한 사람이 한 사역을 하는 것을 말합니다. 한 사역을 계속하다보면 전문가가 됩니다. 전문가가 되면 남을 제대로 도와줄 수 있습니다.

어떤 사람은 "나는 어떤 봉사를 해야 합니까?"라고 묻습니다. 우리는 어떤 봉사를 해야 할까요?

첫째, 눈에 보이는 것을 하면 됩니다. 내 눈에는 보이는데 어떤 사람 눈에는 그것이 안 보입니다. 내 눈에 보이는 것이 사명입니다. 예를 들어 지저분한 것이 자꾸 보이면 그 사람은 치우는 사명이 있는 것입니다.

둘째, 관심 있는 것을 하면 됩니다. 노인에게 관심이 있는지, 아이들에게 관심이 있는지는 본인이 잘 알 것입니다. 가령 교사 한 명이 아이들 열 명을 데리고 있는 것보다 한 명이 세 명을 키우면 훨씬 더 잘 키울 수 있습니다. 교사가 많은 것은 우리 모두의 장래를 대비하는 것이기 때문에 정말 보람된 일입니다. 우리가 노인이 되었을 때 아이들을 잘못 키우면 고생합니다. 교사가 되어서 아이들을 잘 키우는 것이 자신들과 2세들 모두에게 얼마나 중요한 것인지 모릅니다. 관심 있는 것을 하십시오.

셋째, 부담이 되는 것을 하면 됩니다. 내 마음에 부담으로 다가오는 것, 설교를 듣다가 자꾸 부담되는 것을 하면 됩니다.

넷째, 감동이 오는 것에 참여하면 됩니다.

다섯째, 할 수 있는 것을 하면 됩니다. 할 수 없는 것을 하라는 것이 아닙니다. 할 수 있는 것 즉 재능과 은사에 따라 하는 것입니다.

많은 경우에 사람들은 자신의 은사나 재능을 잘 모른다고 합니다만 해보면 압니다. 그림을 그리

봉사가 무엇입니까? 눈에 보이는 것, 관심 있는 것, 부담이 되는 것, 감동이 오는 것, 할 수 있는 것을 하는 것이 봉사입니다. 나 한 사람은 빠져도 괜찮다는 생각은 하지 마십시오.

는 재능이 있는지는 그려 보면 압니다. 마찬가지로 은사도 해보면 압니다. 그리고 처음에는 어설퍼도 하다보면 능숙해지기 때문에 한 사람이 한 사역을 계속하게 되면 전문가가 되어 남을 잘 도울 수 있습니다. 그러면 교회가 아름답게 세워집니다.

나 한 사람이야 빠져도 괜찮다는 생각은 하지 마십시오. 손가락 다섯 개가 다 필요한 것처럼 교회에는 우리 모두가 다 필요합니다. 우리의 온몸에 여러 지체가 다 필요합니다. 귀가 말을 듣지 않으면 온몸이 다 고생합니다. 눈이 보지 못하면 온몸이 다 고생합니다. 오른팔이 움직이지 않으면 온몸이 다 고생을 합니다. 다리가 부러지거나 삐면 온몸이 다 고생합니다. 우리는 지체라 다 참여해야 되는데 지체가 하나라도 빠져 버리면 어려움을 겪을 수밖에 없습니다. 한 사람은 약할 수 있지만 우리가 손을 잡고 하나가 될 때에 놀라운 일을 할 수 있습니다.

"… 하나가 천을 쫓으며 둘이 만을 도망하게 하였으리요"(신 32:30하).

성경에는 하나가 천(1,000)을 쫓으면 둘이 이천(2,000)을 쫓아야 맞는데, 둘이 만(10,000)을 쫓을 수 있다는 것입니다. 이것이 바로 요즘에 말하는 시너지 효과입니다. 한 사람 한 사람이 각 부서에서 봉사할 때 교회가 바로 세워지는 것입니다. 봉사를 하면 내가 온전해질 수 있고, 성숙할 수 있습니다. 그리고 교회가 바르게 세워져 잃은 양이 주인을 만나게 될 것입니다.

"네 하나님 여호와를 섬기라 그리하면 여호와가 너희의 양식과 물에 복을 내리고 너희 중에서 병을 제하리니 네 나라에 낙태하는 자가 없고 임신하지 못하는 자가 없을 것이라 내가 너의 날 수를 채우리라 내가 내 위엄을 네 앞서 보내어 네가 이를 곳의 모든 백성을 물리치고 네 모든 원수들이 네게 등을 돌려 도망하게 할 것이며 내가 왕벌을 네 앞에 보내리니 그 벌이 히위 족속과 가나안 족속과 헷 족속을 네 앞에서 쫓아내리라"(출 23:25~28).

교회는 예수님의 몸 곧 예수님입니다. 예수님은 하나님이십니다. 하나님을 섬기면 복을 받습니다. 그러므로 교회를 섬기면 복을 받습니다. 봉사하여 복을 받기를 바랍니다.

"교회는 그의 몸이니 만물 안에서 만물을 충만케 하시는 이의 충만함이니라"(엡 1:23).

**하나님의 복을 받는 비결 17**

교회에서는 일인 일사역 운동을 해야 합니다. 일인 일사역 운동은 한 사람이 한 사역을 하는 것을 말합니다. 한 사역을 계속하다 보면 전문가가 됩니다. 전문가가 되면 남을 제대로 도와줄 수 있습니다.

# 이웃을 섬기는 사람이 되어라

세상은 경쟁 원리로 "누가 크냐?"가 주 관심사입니다. 그러나 믿는 사람은 다릅니다. 섬김의 본, 용서의 본이 되어 주셨던 예수님의 행동을 본받아야 합니다.

"유월절 전에 예수께서 자기가 세상을 떠나 아버지께로 돌아가실 때가 이른 줄 아시고 세상에 있는 자기 사람들을 사랑하시되 끝까지 사랑하시니라 마귀가 벌써 시몬의 아들 가룟 유다의 마음에 예수를 팔려는 생각을 넣었더라 저녁 먹는 중 예수는 아버지께서 모든 것을 자기 손에 맡기신 것과 또 자기가 하나님께로부터 오셨다가 하나님께로 돌아가실 것을 아시고 저녁 잡수시던 자리에서 일어나 겉옷을 벗고 수건을 가져다가 허리에 두르시고 이에 대야에 물을 떠서 제자들의 발을 씻으시고 그 두르신 수건으로 닦기를 시작하여 시몬 베드로에게 이르시니 베드로가 이르되 주여 주께서 내 발을 씻으시나이까 예수께서 대답하여 이르시되 내가 하는 것을 네가 지금은 알지 못하나 이 후에는 알리라 베드로가 이르되 내 발을 절대로 씻지 못하시리이다 예수께서 대답하시되 내가 너를 씻어 주지 아니하면 네가 나와 상관이 없느니라 시몬 베드로가 이르되 주여 내 발뿐 아니라 손과 머리도 씻어 주옵소서 예수께서 이르시되 이미 목욕한 자는 발밖에 씻을 필요가 없느니라 온 몸이 깨끗하니라 너희가 깨끗하나 다는 아니니라 하시니 이는 자기를 팔 자가 누구인지 아심이라 그러므로 다는 깨끗하지 아니하다 하시니라 그들의 발을 씻으신 후에 옷을 입으시고 다시 앉아 그들에게 이르시되 내가 너희에게 행한 것을 너희가 아느냐 너희가 나를 선생이라 또는 주라 하니 너희 말이 옳도다 내가 그러하다 내가 주와 또는 선생이 되어 너희 발을 씻었으니 너희도 서로 발을 씻어 주는 것이 옳으니라 내가 너희에게 행한 것 같이 너희도 행하게 하려 하여 본을 보였노라 내가 진실로 진실로 너희에게 이르노니 종이 주인보다 크지 못하고 보냄을 받은 자가 보낸 자보다 크지 못하나니 너희가 이것을 알고 행하면 복이 있으리라"(요 13:1~17).

## 섬김의 본 예수님

이 말씀은 예수님께서 잡히시던 밤, 예수님의 이 땅에서는 마지막 유월절 성만찬의 현장 이야기입니다.

아마도 예수님과 제자들이 유월절 잔치를 하기 위하여 방을 빌

렸던 집에 그 날은 손님 발을 씻기는 종이 없었던 것 같습니다. 이스라엘에는 여러 종류의 종이 있습니다. 가장 지위가 높은 종은 재산을 맡아서 관리하고 돈을 계산하는 청지기이고, 그 다음은 밭에 나가서 일을 하거나 장사를 하는 종이고, 그 다음은 집에서 청소하고 빨래하고 허드렛일을 하는 사람들이고, 마지막이 손님이 오면 발을 씻어 주는 종입니다. 중동지방은 맨발에 샌들을 신고 다니는데 먼지가 많아서 발이 더럽습니다. 더러운 발로 방에 들어왔는데, 발 씻어 주는 종이 없습니다. 그러나 제자 중 누구 하나 먼저 남의 발을 씻어 주려는 사람은 없습니다. 더러운 발로 식사를 하면 마음이 불편합니다.

다 같이 식사를 하던 중 예수님께서 겉옷을 벗고 수건을 허리에 두르시고 일꾼의 자세로 대야에 물을 떠 오십니다. 그리고는 제자들의 발을 씻으시려고 하십니다. 그때 베드로가 말합니다.

"주님께서 제 발을 씻어 주지 못하십니다."

"지금은 네가 잘 모르지만 후에는 이 의미를 알게 될 것이다."

"절대로 안 됩니다."

"내가 너를 씻어 주지 아니하면 너하고 나하고 상관이 없다."

왜 상관이 없습니까? 이미 주님과 제자인데, 그리고 피조물과 창조주의 관계이고, 구원자와 죄인

우리는 서로의 발을 씻겨야 합니다. 서로의 죄를 용서해야 합니다. 일만 달란트나 탕감 받았기 때문에 백 데나리온 빚진 사람을 용서해야 합니다. 나도 용서받았기 때문에 용서를 해야 합니다. 용서하는 것은 상대가 용서를 빌지 않아도 먼저 용서해야 하는 것입니다.

사이인데 말입니다. 그러나 예수님은 내가 너를 섬겨야 너와 내가 바른 관계가 된다는 것입니다. 사랑하면 섬기고, 섬겨야 관계가 형성됩니다. 사랑이 없으면 같은 집에 살아도 남남입니다. 그리고 발을 씻는 것은 영적으로 죄를 자백하는 일인데 죄를 자백해야 용서를 받고 주님과 교제를 갖게 된다는 의미입니다.

"그러면 손도 머리도 다 씻어 주옵소서." 화끈한 베드로는 성격대로 그렇게 말을 했습니다. 그러자 예수님이 "이미 목욕한 자는 온몸이 깨끗함으로 발만 씻으면 된다"고 말씀하십니다.

이들이 공동 목욕탕을 다녀왔습니까? 아닙니다.

"너희가 깨끗하나 다는 아니니라"고 하시는데 이것은 주님을 믿지 않는 유다를 가리켜 하시는 말씀입니다.

목욕은 주님을 믿을(영접할) 때 모든 죄를 용서받는 것을 의미합니다. 그리고 발을 씻는 것은 구원 이후 지은 죄를 자백함으로 용서받는 것을 의미합니다.


## 용서하라

"만일 우리가 우리 죄를 자백하면 그는 미쁘시고 의로우사 우리 죄를 사하시며 우리를 모든 불의에서 깨끗하게 하실 것이요"(요일 1:9).

회개하여 죄 용서를 받은 우리는 구원 이후에 지은 죄를 하나님에게 자백해야 합니다. 죄를 지은 당사자에게도 용서를 구해야 합니다. 그리고 내가 남을 용서할 때 용서를 받습니다.

"우리가 우리에게 잘못한 사람을 용서하여 준 것 같이 우리의 죄를 용서하여 주시고."

그래서 우리는 서로의 발을 씻겨야 합니다. 서로의 죄를 용서해야 합니다. 일만 달란트라는 큰 죄를 용서받았기 때문에 백 데나리온 빚진 사람을 용서해야 합니다. 나도 용서받을 일을 하기 때문에 용서를 해야 합니다. 용서하는 것은 상대가 용서를 빌지 않아도 먼저 용서해야 하는 것입니다. 예수님은 십자가에서 행악을 하는 사람들을 용서해 달라고 기도하셨습니다. 용서하면 내 마음이 천국이 됩니다.

## 서로 섬기라

발을 씻어 주심은 구원 이후 죄를 자백하여 용서를 받는 것 외에 또 다른 교훈이 있습니다. 예수님은 너희로 행하게 하려 하여 본을 보였다고 말씀하십니다.

"종이 주인보다 크지 못하다. 보냄을 받은 자가 보낸 자보다 크지 못하다. 나는 주요 너희의 선생이다. 너희 말이 맞다. 나는 보내는 자, 주인, 주님이다. 그러니 내 말을 들어라. 네 생각대로 하지 말고, 내가 그리하였으니 너희도 발을 씻어 주어라. 형제를 섬기라."

이 일이 있기 직전에 제자들은 서로 누가 더 높으냐는 경쟁을 했습니다(눅 22:24~34 참조).

"예수께서 제자들을 불러다가 이르시되 이방인의 집권자들이 그들을 임의로 주관하고 그 고관들이 그들에게 권세를 부리는 줄을 너희가 알거니와"(마 20:25).

세상은 경쟁 원리로 "누가 크냐?"가 주 관심사입니다. 그래서 집권자들은 주관하고, 그 밑에 있는 관리들도 권세를 부립니다.
그러나 예수님은 말씀하십니다.

"인자가 온 것은 섬김을 받으려 함이 아니라 도리어 섬기려 하고 자기 목숨을 많은 사람의 대속물로 주려 함이니라"(마 20:28).

세상에서 섬기는 사람이 천국에서는 큰사람이라고 말씀하십니다. 주님은 섬기러 오셨기 때문에 주님을 닮으려면 섬기는 사람이 되어야 합니다. 우리 또한 이웃의 발을 씻어 주는 섬기는 사람이 되어야 합니다. 섬기는 행동은 사람들이 잘 하지 않으려고 합니다. 그래서 경쟁하는 사람이 없습니다.

> 세상에서 섬기는 사람이 천국에서는 큰사람이라고 말씀하십니다. 주님은 섬기러 오셨기 때문에 주님을 닮으려면 섬기는 사람이 되어야 합니다. 우리 또한 이웃의 발을 씻어 주는 섬기는 사람이 되어야 합니다.

창조주 하나님께서 죄인인 인간의 발을 씻어 주셨습니다. 그 중에는 유다도 있었습니다. 사탄이 들어간 유다, 주님을 팔려는 유다, 배신하는 유다를 향해서 주님은 마음속으로 말씀하십니다.

'내가 너를 사랑한다.'

발을 씻어 주는 것은 용서하신다는 의미입니다. 그러나 유다는 거부하고 자기 길로 갑니다. 예수님은 유다가 배신할 것을 다 아시면서 발을 씻어 주십니다. 그리고 "너희가 이것을 알고 행하면 복이 있으리라"(요 13:17)고 약속해 주셨습니다.

이웃을 섬기고, 용서하는 사람은 복을 받습니다. 이런 사람이야 말로 이 땅에서 주님을 나타내는 사람이 되며, 하늘에서 큰사람이 됩니다. 이웃을 섬기고, 용서하는 복을 받읍시다.

### 하나님의 복을 받는 비결 18

사랑하면 섬기고 섬겨야 관계가 형성됩니다. 발을 씻는 것은 영적으로 죄를 자백하는 일인데 죄를 자백해야 용서를 받고 주님과 교제를 갖게 된다는 의미입니다. 예수님은 유다가 배신할 것을 다 아시면서 발을 씻어 주십니다. 씻어 주시면서 유다의 행동을 다 용서하셨습니다.

# 이스라엘과 교회를 축복하라

우리는 이스라엘을 향한 하나님의 섭리를 알 필요가 있습
니다. 그리고 하나님과 이스라엘과의 관계, 이스라엘과 우
리의 관계를 알 필요가 있습니다.

어떤 성도들은 '이스라엘'을 생각하면 "하나님께서 부르셨으나
늘 하나님을 배반하다가 결국 죄 없으신 예수님을 죽인 민족, 예수
님의 핏값을 우리와 우리 후손에게 돌리라고 말했다가 나라를 잃고
2000년을 떠돈 민족, 2차대전 때는 히틀러에 의해 600만 명이 죽임
을 당한 민족"이라고 말합니다.

그러나 우리는 이스라엘을 향한 하나님의 섭리를 알 필요가 있
습니다. 하나님과 이스라엘과의 관계, 이스라엘과 우리들의 관계를
알아야 합니다.

"여호와께서 아브람에게 이르시되 너는 너의 고향과 친척과 아버

지의 집을 떠나 내가 네게 보여 줄 땅으로 가라 내가 너로 큰 민족을 이루고 네게 복을 주어 네 이름을 창대하게 하리니 너는 복이 될지라 너를 축복하는 자에게는 내가 복을 내리고 너를 저주하는 자에게는 내가 저주하리니 땅의 모든 족속이 너로 말미암아 복을 얻을 것이라 하신지라"(창 12:1~3).

"여호와께서 모세에게 말씀하여 이르시되 아론과 그의 아들들에게 말하여 이르기를 너희는 이스라엘 자손을 위하여 이렇게 축복하여 이르되 여호와는 네게 복을 주시고 너를 지키시기를 원하며 여호와는 그의 얼굴을 네게 비추사 은혜 베푸시기를 원하며 여호와는 그 얼굴을 네게로 향하여 드사 평강 주시기를 원하노라 할지니라 하라 그들은 이같이 내 이름으로 이스라엘 자손에게 축복할지니 내가 그들에게 복을 주리라"(민 6:22~27).

### 하나님과 이스라엘과의 관계

하나님은 아브라함을 축복하는 사람에게 복을 주시겠다고 말씀하셨습니다. 하나님은 아브라함의 자손과 이스라엘 자손에게도 축복하라고 말씀하십니다. 이스라엘은 하나님께서 선택하신 나라입니다. 하나님의 백성들이고 말씀을 맡은 나라이며, 믿음의 조상들의 나라입니다. 그리고 예수님께서 그 혈통으로 오셨습니다. 예수님의 제자들과 초대 교회도 다 이스라엘에서 시작했습니다. 복음도 이스라엘을 통하여 우리에게 오게 되었습니다. 그런데 그 이스라엘이 하나님을 떠났습니다. 하나님은 마음이 아프십니다. 예수님도 예루살렘을 바라보시며 눈물을 흘리셨습니다. 안타까움의 눈물이셨습니다.

출애굽기 4장 22절에 이런 말씀이 있습니다.

"너는 바로에게 이르기를 여호와의 말씀에 이스라엘은 내 아들 내 장자라"(출 4:22).

죄인인 육신의 부모도 자녀를 버리지 않는데 하물며 사랑의 하나님께서 자녀를 버리시겠습니까? 하나님은 이스라엘을 사랑하십니다. 이스라엘이 돌아오기를 누구보다 기다리십니다. 그래서 우리는 이스라엘을 축복해야 합니다.

## 이스라엘과 우리들의 관계

이스라엘을 축복해야 하는 다른 이유는 우리가 이스라엘 때문에 구원을 받았기 때문입니다.

"그러면 네 말이 가지들이 꺾인 것은 나로 접붙임을 받게 하려 함이라 하리니"(롬 11:19).

원래 가지인 이스라엘이 꺾인 것은 이방인인 우리들이 접붙임을 받게 하기 위해서입니다. 맞습니다. 우리가 접붙임을 얻기 위하여 이스라엘은 꺾였고, 우둔하게 되었습니다.

"형제들아 너희가 스스로 지혜 있다 하면서 이 신비를 너희가 모르기를 내가 원하지 아니하노니 이 신비는 이방인의 충만한 수가 들어오기까지 이스라엘의 더러는 우둔하게 된 것이라"(롬 11:25).

이방인들을 하나님께 돌아오게 하기 위하여 이스라엘을 우둔하게 만드셨습니다. 하나님이 그렇게 하셨습니다. 그래서 이방인인 우리는 미안하고 감사한 마음으로 이스라엘을 축복해야 합니다.

"기록된 바 하나님이 오늘까지 그들에게 혼미한 심령과 보지 못할 눈과 듣지 못할 귀를 주셨다 함과 같으니라"(롬 11:8).

이스라엘은 하나님의 섭리 가운데 다른 국가들을 위하여 제물로 바쳐졌다고 볼 수도 있습니다. 우리는 "왜 그렇게 하셨습니까?"라고 질문할 수 없습니다. 그 일로 우리가 은총을 받았는데 무슨 질문을 할 수 있겠습니까? 그래서 하나님

> 원래 가지인 이스라엘이 꺾인 것은 이방인인 우리들이 접붙임을 받게 하기 위해서입니다. 맞습니다. 우리가 접붙임을 얻기 위하여 이스라엘은 꺾였고, 우둔하게 되었습니다.

은 이렇게 말씀하십니다.

"그런즉 하나님께서 하고자 하시는 자를 긍휼히 여기시고 하고자 하시는 자를 완악하게 하시느니라 혹 네가 내게 말하기를 그러면 하나님이 어찌하여 허물하시느냐 누가 그 뜻을 대적하느냐 하리니 이 사람아 네가 누구이기에 감히 하나님께 반문하느냐 지음을 받은 물건이 지은 자에게 어찌 나를 이같이 만들었느냐 말하겠느냐 토기장이가 진흙 한 덩이로 하나는 귀히 쓸 그릇을, 하나는 천히 쓸 그릇을 만들 권한이 없느냐 만일 하나님이 그의 진노를 보이시고 그의 능력을 알게 하고자 하사 멸하기로 준비된 진노의 그릇을 오래 참으심으로 관용하시고 또한 영광 받기로 예비하신 바 긍휼의 그릇에 대하여 그 영광의 풍성함을 알게 하고자 하셨을지라도 무슨 말을 하리요"(롬 9:18~23).

### 이스라엘을 향하신 하나님의 뜻
그러나 가장 중요한 것은 이스라엘이 결국 하나님께로 돌아온다는 것입니다.

"그리하여 온 이스라엘이 구원을 받으리라 기록된 바 구원자가 시온에서 오사 야곱에게서 경건하지 않은 것을 돌이키시겠고"(롬 11:26).

"보라 내가 노여움과 분함과 큰 분노로 그들을 쫓아 보내었던 모든 지방에서 그들을 모아들여 이 곳으로 돌아오게 하여 안전히 살게 할 것이라 그들은 내 백성이 되겠고 나는 그들의 하나님이 될 것이며 내가 그들에게 한 마음과 한 길을 주어 자기들과 자기 후손의 복을 위하여 항상 나를 경외하게 하고 내가 그들에게 복을 주기 위하여 그들을 떠나지 아니하리라 하는 영원한 언약을 그들에게 세우고 나를 경외함을 그들의 마음에 두어 나를 떠나지 않게 하고 내가 기쁨으로 그들에게 복을 주되 분명히 나의 마음과 정성을 다하여 그들을 이 땅에 심으리라 여호와께서 이와 같이 말씀하시니라 내가 이 백성에게 이 큰 재앙을 내린 것 같이 허락한 모든 복을 그들에게 내리리라"(렘 32:37~42).

우리를 위하여 희생을 당한 이스라엘을 우리는 축복해야 합니다. 또한 하나님의 마음을 알아서 우리는 이스라엘을 위해 대신 회개하고 용서를 빌어야 합니다.

"하나님 아버지, 우리를 구원해 주시니 감사합니다. 이스라엘이 하나님을 떠난 것을 용서하옵소서. 예수님을 못 박은 것을 용서하옵소서. 저들을 불쌍히 여기사 은혜를 베풀어 주옵소서. 이스라엘을 축복합니다. 예수님의 이름으로 기도드립니다. 아멘."

이스라엘을 축복하면 하나님께서 기뻐하십니다. 망가진 아들 때문에 하나님은 속이 상하십니다. 어떤 사람이 자신의 망가진 아들을 위하여 기도하면서 그 아들을 섬기면 아버지는 그 사람이 고맙지 않겠습니까? 이와 같은 원리입니다. 그래서 이스라엘을 축복하면 하나님께서 복을 부어 주십니다.

저는 미국에 살면서 많은 교회들이 이스라엘을 축복하는 모습을 보았습니다. 또한 교회뿐 아니라 미국이 이스라엘을 축복하는 모습도 보았습니다. 그 교회들과 미국이 복을 받는 것은 우연이라고 생각하지 않습니다. 그렇다고 이스라엘 외에 중동의 다른 국가들을 미워하라는 것은 아닙니다. 그들도 하나님의 은혜를 받도록 기도해야 합니다. 그러나 이스라엘을 위하여 더욱 기도해야 합니다.

오늘날 영적인 이스라엘은 교회입니다. 또한 교회는 예수님의 몸입니다. 이스라엘을 축복한다는 것은 육체적인 이스라엘을 축복할 뿐만 아니라 영적인 이스라엘, 즉 교회를 축복하는 것을 의미하기도 합니다.

"교회는 그의 몸이니 만물 안에서 만물을 충만하게 하시는 이의 충만함이니라"(엡 1:23).

오늘날 영적인 이스라엘은 교회입니다. 또한 교회는 예수님의 몸입니다. 이스라엘을 축복한다는 것은 육체적인 이스라엘을 축복할 뿐만 아니라 영적인 이스라엘, 즉 교회를 축복하는 것입니다.

예수님의 몸이라는 말은 예수님이라는 말입니다. 즉 교회가 예수님이라는 말입니다. 우리는 교회를 축복해야 합니다. 교회에 대하여 나쁜 말이나 저주하는 말을 해서는 안 됩니다. 지혜 없는 자같이 교회에 대하여 불평과 원망도 해서는 안 됩니다. 어떤 사람들은 자신이 섬기는 교회나 교회 목사, 장로뿐만 아니라 심지어 다른 교회에 대하여 좋지 않은 말을 하는데, 그러면 안 됩니다. 지혜로운 행동이 아닙니다. 교회를 축복하면 내가 복을 받습니다.

교회는 이 세상에 유일한 구원의 통로이고, 생명을 주셔서 세우신 하나님의 기업이기 때문에 교회를 축복하고 사랑하는 것을 하나님은 기뻐하십니다.

제가 목사로 사업장이나 가정에 심방을 가서 보면 사업장과 가정이 특별히 복을 받은 경우를 봅니다. 그 사람이 큰 사업을 할 만큼 사업 수단이 있거나 똑똑한 사람은 아닌 것 같은데, 사업을 크게 하여 복을 받은 사람들을 봅니다. 또한 가정이 참 화목하고, 자녀들이 아주 잘되는 복을 받는 가정이 있습니다. 뭐 특별히 아이들에게 교육을 시키는 것 같지도 않은데 말입니다.

이런 경우 그들에게 특별한 간증이 있었습니다.

"옛날에 우리 어머니는 시골에서 어렵게 사셨지만 교회라면 최우선으로 섬겼습니다. 주님의 종들을 모시는 일이라면 우리가 시험에 들 정도로 섬기셨습니다. 그래서 먹고 싶어도 목사님을 대접한다고 주시지 않고 침만 흘리고 있어야 해서 시험에 들기도 했습니다. 그러나 이제 어머니가 교회를 축복하며 섬기신 까닭에 우리가 이런 복을 받고 있습니다."

이스라엘과 교회를 축복하셔서 그 복을 받으시기 바랍니다. 내가 복되고 후손이 복되시기를 주님의 이름으로 축복합니다.

우리를 위하여 희생을 당한 이스라엘을 축복해야 합니다. 또한 하나님의 마음을 알아서 이스라엘을 위해 대신 회개하고 용서를 빌어야 합니다. 하나님에게로 돌아올 이스라엘과 예수님의 몸된 교회를 축복하면 하나님께서 기뻐하십니다.

어떻게 어린양과 잃은 동전을 찾을 수 있습니까?
바로 전도하며 선교하면 됩니다.
예수님의 심정으로 골짜기, 산, 들로
어린양을 찾아서 열심히 헤매는 것입니다.
성령과 교회가 하나가 되어
열심히 전도하며 선교해야 합니다.
전도와 선교는 바로 잃은 양과 잃어버린 동전을 찾는 것입니다.

● 성령 충만하라

Part 4

# 가장 큰 복,
# 하나님의 도우심을
# 구하라

복 받는 자리 20

# 성령 충만하라

복 받는 비결을 행동으로 실천하기란 쉽지 않습니다. 그러
면 어떻게 하면 가능할까요? 그 비결은 성령충만입니다.
이 장에서는 성령 충만을 왜 받아야 하는지, 성령 충만할
수 있는 방법은 무엇인지 가르쳐 줍니다.

"또 내 영을 너희 속에 두어 너희로 내 율례를 행하게 하리니 너희
가 내 규례를 지켜 행할지라"(겔 36:27).

### 성령 충만해야 하는 이유

이 말씀은 하나님의 영을 우리 속에 두어서 우리로 하나님의 말
씀을 행하게 하시겠다는 것입니다. 즉 성령님이 우리 안에 충만하
게 임하실 때 우리는 하나님 말씀대로 살 수 있다는 것입니다.

복 받는 비결을 행동으로 실천하기란 쉽지 않습니다. 상대방이
나에게 악하게 하고 욕을 하는데 축복하는 말을 하기가 쉽지 않습

니다. 현실이 안 그런데 믿음의 말을 하기도 쉽지 않을 수 있습니다. 고아와 과부를 돕고 싶은데 나도 쓸 일이 많아서 우선순위에서 밀리는 것입니다. 부모님을 공경해야 하는 것은 알고 있지만 부모님이 섭섭할 때가 있습니다. 온전한 십일조를 드리려고 하는데 쓸 일이 많아서 잘되지 않을 수도 있습니다.

그런데 성령님이 나에게 임하시면 우리는 온전한 십일조를 드리고 살 수 있습니다. 성령 충만하면 교회 봉사와 양육하는 일에 충성되게 참여하게 됩니다. 또한 성령이 임하시면 우리가 하나님의 증인이 되어서 전도하고, 선교도 하게 됩니다. 부모님을 공경하고, 말을 바꾸어 축복하는 말을 하게 되고, 본을 보이는 삶을 살 수 있고, 구제하는 삶을 살 수 있습니다. 성경에 나와 있는 복을 구하여 복을 받습니다. 하나님을 사랑하게 됩니다. 성령님은 말씀에 순종하며 의로운 삶을 살게 합니다. 하나님을 더욱 의지하게 합니다. 하나님을 감동시키고 복 받는 장소에 있는 자신을 발견하게 됩니다. 영혼을 헌신적으로 사랑하며 이스라엘과 교회를 축복하는 사람, 영에 속한 사람이 됩니다.

하나님은 간단히 말씀하십니다. "내 영을 너희 속에 두어 내 말씀을 지키게 할 테니까 너희는 성령 충만하라"고 말입니다.

하나님의 성령으로 말미암아 우리는 말씀대로 살 수 있습니다.

하나님 아버지는 구하는 사람에게 성령 충만을 주십니다. 우리가 성령 충만을 사모하기만 하면 됩니다. 성령 충만을 사모하고, 기도하고, 간구하기만 하면 하나님은 다 부어 주십니다.

"그가 내게 대답하여 이르되 여호와께서 스룹바벨에게 하신 말씀이 이러하니라 만군의 여호와께서 말씀하시되 이는 힘으로 되지 아니하며 능력으로 되지 아니하고 오직 나의 영으로 되느니라"(슥 4:6).

위의 말씀은 하나님께서 스룹바벨에게 나타나셔서 성전 재건을할 때 하신 말씀입니다. 우리가 하나님 말씀대로 살 수 있고 하나님의 뜻 가운데 살 수 있는 것은 우리의 힘과 능력으로 하는 것이 아니라 하나님의 성령으로 할 수 있습니다.

저는 오랫동안 교회를 다녔습니다. 다니면서 성경 공부도 했는데 역시 세상 가운데 있었습니다. 한 발은 세상에, 한 발은 교회에 두고 왔다 갔다 하는 삶을 살았습니다. 세상이 좋았고 즐거웠습니다.

그러던 어느 날, 성령세례를 받았습니다. 성령세례를 받고 나니 삶의 목표가 생기고, 마음에 평안과 만족이 있고, 술과 담배, 나쁜 습관이 끊어지는 등 변화되는 저를 발견할 수 있었습니다. 구원의 확신을 갖게 되었습니다. 정말 기뻤습니다. 인생의 의미를 알게 되었고 사람이 영혼으로 보이기 시작했습니다. 그 전에는 백인, 흑인, 동양인, 라티노, 남자, 여자, 뚱뚱하고, 날씬하고, 키가 크고, 작고, 예쁘고, 잘 생기고…, 그런 것들이 보였는데 성령 세례를 받고난 후에는 이 사람은 구원받은 영혼인가 아니면 구원 받지 못한 영혼인가로 구별하게 되었습니다. 지금도 부족하지만 계속 성령님께서 많이 변화시켜 주시고 계십니다. 오직 하나님의 영으로 변화가 가능했습니다.

자기 자신의 삶이 마음에 들지 않으십니까? 성령 충만하면 변화 받는 삶을 살 수 있고, 하나님의 뜻을 이루는 복을 받는 삶을 살 수 있습니다.

"술 취하지 말라 이는 방탕한 것이니 오직 성령으로 충만함을 받으라"(엡 5:18).

성령 충만하지 않는 사람은 세상에 취하게 됩니다. 술에 취하게 되고 세상에 취하게 되어 세상을 따라가게 됩니다. 세상을 따라가다 보면 인생 끝나는 날이 허무하게 와 버립니다. 인생은 한 번 살다 가는데, 세상과 술에 취해서 가다 보면 아무런 의미와 목적 없이 인생이 끝나고 맙니다.

그래서 성경은 술 취하지 말고, 오직 성령 충만을 받으라고 하십니다. 왜냐하면 우리의 삶을 통해 하나님의 영광이 나타나야 하기 때문입니다. 예수 믿는 사람이 뭐가 달라도 달라야지 예수 믿는 사람이 남들과 똑같으면 전도가 되지 않습니다. 그러면 내 주변에 있는 많은 영혼들이 지옥갈 수 있습니다.

세상을 이기고 사명을 감당하며 영광을 하나님께 돌리는 새로운 삶을 살 수 있는 힘은 성령님이 주십니다. 성령님은 우리가 변화된 삶을 살게 해 주십니다. 성령님은 말씀대로 살게 하셔서 하나님의 복이 임하게 하십니다.

## 성령 충만할 수 있는 방법

그러면 어떻게 하면 우리가 성령 충만할 수 있습니까?

"너희가 악할지라도 좋은 것을 자식에게 줄 줄 알거든 하물며 너희 하늘 아버지께서 구하는 자에게 성령을 주시지 않겠느냐 하시니라"(눅 11:13).

예수님을 믿으면 구원을 받듯이 하나님 아버지는 구하는 사람에게 성령 충만을 주십니다. 우리가 성령 충만을 사모하기만 하면 됩니다. 성령 충만을 사모하고, 간구하기만 하면 하나님은 다 부어 주십니다.

성령 충만해야 세상을 이길 수 있고, 병도 떠나가고, 마음의 병도 고침 받고, 육신의 병도 고침 받습니다. 또한 내 삶이 회복되어지고, 복이 넘치게 되고, 하나님 말씀에 순종하게 되고, 빛과 소금의 직분을 감당할 수 있습니다. 또한 복 받는 비결들을 행할 수 있는 능력을 하나님께서 부어 주십니다.

잘 때도 "아버지 하나님, 나에게 성령 충만을 허락하여 주옵소서"라고 계속 간구하고 사모하십시오. 구하는 사람에게 아버지 하나님은 성령 충만을 주십니다.

"너희가 죄인일지라도 좋은 것

> 세상을 이기고 사명을 감당하며 영광을 하나님께 돌리는 새로운 삶을 살 수 있는 힘은 성령님이 주십니다. 성령님은 우리가 변화된 삶을 살고, 말씀대로 살게 하셔서 하나님의 복이 임하게 하십니다.

들을 자녀들에게 줄 줄 아는데 하물며 너희 하나님 아버지께서 구하는 사람에게 성령을 주시지 않겠느냐"라고 하십니다. 하나님 아버지는 구하는 사람에게 성령 충만을 허락하십니다. 성령 충만한 삶이 복된 삶입니다.

예수님의 공생애에서 첫 번째 선포하신 말씀은 "회개하고 복음을 믿으라"(막 1:15)는 말씀이고, 예수님이 세상을 떠나가시면서 마지막으로 하신 말씀은 "성령을 받으라"(요 20:22, 행 1:8)는 말씀이었습니다. 인생을 살면서 회개하고 구원을 받는 것이 가장 중요합니다. 그리고 구원받은 하나님의 자녀가 자녀답게 살고, 세상을 이기고, 사명을 감당하며, 영광을 돌리는 복된 삶을 살기 위해서는 성령 충만해야 합니다.

성령 충만하여 이 땅에 나를 보내신 하나님의 뜻이 이루어지고 하나님의 영광이 나타나는 열매 맺는 성도가 되셔서 아버지에게 기쁨을 드리고, 천국 가는 날 큰 상급과 생명의 면류관을 받는 복된 성도님들이 되기를 축원합니다.

하나님의 복을 받는 비결 20

내 삶이 회복되고, 복이 넘치게 되고, 하나님 말씀에 순종하게 되고, 빛과 소금의 직분을 감당할 수 있는 능력을 받는 것은 성령 충만할 때 가능합니다. 성령 충만을 사모하고, 기도하고, 간구하면, 하나님은 성령을 부어 주십니다.

# 받은 복을 유지하려면

하나님은 약속한 말씀을 지키시는 분이십니다. 그러므로 20가지 중에서 한 가지만 확실하게 실천해도 우리는 복을 받습니다. 하나님은 우리가 원하는 것보다 더 영혼들을 구원하기를 기뻐하십니다. 그리고 하나님은 우리가 복을 받기 원하는 그 이상으로 더 복을 주기를 기뻐하십니다. 하나님의 약속의 말씀을 붙잡고 행함으로 나와 이웃을 위하여 그리고 하나님을 위하여 하나님이 예비하신 모든 복을 누리시기를 바랍니다.

"찬송하리로다 하나님 곧 우리 주 예수 그리스도의 아버지께서 그리스도 안에서 하늘에 속한 모든 신령한 복을 우리에게 주시되 곧 창세 전에 그리스도 안에서 우리를 택하사 우리로 사랑 안에서 그 앞에 거룩하고 흠이 없게 하시려고 그 기쁘신 뜻대로 우리를 예정하사 예수 그리스도로 말미암아 자기의 아들들이 되게 하셨으니 이는 그의 사랑하시는 자 안에서 우리에게 거저 주시는 바 그의 은혜의 영광을 찬송하게 하려는 것이라"(엡 1:3~6).


## 복을 주시는 이유

왜 하나님은 우리에게 복을 주시기를 기뻐하십니까?

바로 하나님을 찬송하게 하려 하시기 위해서입니다. 늘 하나님을 찬송하시기 바랍니다. 그것이 받은 복을 유지할 뿐만 아니라 더욱 넘치도록 복을 받는 비결입니다. 하나님을 찬송합니다. 할렐루야!

모든 독자들을 주님의 이름으로 축복합니다.